Sprachkurs Plus Anfänger

Deutsch

als Fremdsprache
Lehrbuch

Eva Heinrich
Andrew Maurer

Cornelsen

Sprachkurs Plus
Deutsch
als Fremdsprache

im Auftrag des Verlags	
erarbeitet von:	Eva Heinrich, Andrew Maurer
Redaktion:	Sinéad Butler
Redaktionelle Mitarbeit:	Sophie Eulenfeld
Projektleitung:	Rebecca Syme
Layout und	
technische Umsetzung:	zweiband.media, Berlin
Umschlaggestaltung:	Cornelsen Schulverlage Design
Umschlagfoto:	JUNOPHOTO, Berlin
Tonstudio und -technik:	Clarity Studio, Berlin
Toningenieure:	Christian Marx, Pascal Thinius
Regie:	Susanne Kreutzer
Sprecher/-innen:	Denis Abrahams, Mimi Beaufort-Spontin, Marianne Graffam, Susanne Kreutzer, Kim Pfeiffer, Christian Schmitz, Felix Würgler

Weitere Deutsch als Fremdsprachetitel bei Lextra:

978-3-589-01598-6 Lextra Übungsgrammatik Deutsch als Fremdsprache
978-3-589-01559-7 Lextra Grund- und Aufbauwortschatz nach Themen
978-3-589-01560-3 Lextra Übungsbuch Grundwortschatz nach Themen
978-3-589-01690-7 Lextra Übungsbuch Aufbauwortschatz nach Themen
978-3-589-02027-0 Lextra Jeden Tag ein bisschen Deutsch als Fremdsprache

Außerdem gibt es zahlreiche spannende DaF-Lektüren von Lextra

www.cornelsen.de
www.lextra.de

Die Links zu externen Webseiten Dritter, die in diesem Lehrwerk angegeben sind, wurden vor Drucklegung sorgfältig auf ihre Aktualität geprüft. Der Verlag übernimmt keine Gewähr für die Aktualität und den Inhalt dieser Seiten oder solcher, die mit ihnen verlinkt sind.

1. Auflage, 2. Druck 2014

© 2013 Cornelsen Schulverlage GmbH, Berlin

Druck: Stürtz GmbH, Würzburg

ISBN: *siehe Umschlag*

Lehrbuch: Inhaltsverzeichnis

Begleitbuch: Inhalte

Hallo! Guten Tag!

In diesem Kapitel lernen Sie:

- Wortschatz: Begrüßung und Abschied
- Namen
- Herkunft und Wohnort
- das Alphabet
- Aussprache: Umlaute, *ß – sch*

FEM　　Neutral　　Masculine
DIE, DAS, DER

▶ CD1 2 **Dialog 1**

Jetzt = Now.

SIND = ARE

Name = name

Familie Müller

1 Die Familie Müller stellt sich vor. Hören Sie zu und schreiben Sie die Namen.

> Hallo!
> Ich bin Maria Müller.
> Ich komme aus Hamburg.
> Mein Hobby ist Sport.

> Mein Vorname ist Alex.
> Mein Familienname ist Müller.
> Ich wohne in Berlin.
> Mein Hobby sind Filme.

> Guten Tag! Ich bin Markus Müller. Ich komme aus Dresden. Mein Hobby ist Musik.

> Hallo! Mein Name ist Anna Müller. Ich wohne in Berlin. Mein Hobby ist Mathematik.

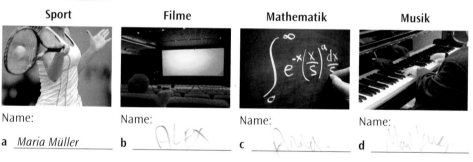

Sport	Filme	Mathematik	Musik
Name:	Name:	Name:	Name:
a *Maria Müller*	**b** ALEX	**c** Anna	**d** Markus

Wortschatz

Hallo!	Hello!	
Guten Tag!	Good day!	
Ich bin …	I'm …	
Mein Name ist …	My name is …	
Name	name	
Mein Hobby ist / sind …	My hobby is …	
Ich komme aus …	I'm from …	
Ich wohne in …	I live in …	
der Sport	sport	
die Filme (*Pl.*)	films	
die Musik	music	
die Mathematik	maths	

(DIE)

MEIN => Masculin + Neutral (DER + DAS)

MEINE = Plural

Kapitel 1

▶ CD1 **Hören**
3

2 Vier Personen stellen sich vor. Hören Sie zu und ordnen Sie zu.

> Grüezi! • ~~Guten Tag!~~ • Hallo! • Servus! • Beat Ammann
> Martin Weber • Lili Meier • Sabine Schulz • ~~Berlin~~ • Bern
> München • Wien • Deutschland (2x) • Österreich • der Schweiz

a Begrüßung
b Name
c wohnt in …
d kommt aus …

viel zu laut

1   **a** *Guten Tag!* _____

    b _____

    c *Berlin* _____

    d _____

2   **a** _____

    b _____

    c _____

    d _____

3   **a** _____

    b _____

    c _____

    d _____

4   **a** _____

    b _____

    c _____

    d _____

Wortschatz

Servus!	Hello! (*Austrian greeting*)	*SCHARFES* ↑ *GRIABDI* ↑ Gria Boli
Österreich	Austria	
der Vorname	first name	
der Familienname	family name, surname	
Grüezi!	Hello! (*Swiss greeting*)	
die Schweiz	Switzerland	
Guten Morgen!	Good morning!	
Guten Abend!	Good evening!	
Auf Wiedersehen!	Goodbye!	
Tschüss!	Bye!	
Bis bald!	See you soon!	

Person 1 Guten Tag! Ich bin Lili Meier.
Ich wohne in Berlin.
Ich komme aus Deutschland.

Person 2 Servus! Mein Name ist Sabine Schulz.
Ich komme aus Österreich.
Ich wohne in Wien.

Person 3 Hallo! Mein Vorname ist Martin.
Mein Familienname ist Weber.
Ich komme aus Deutschland.
Ich wohne in München.

Person 4 Grüezi! Ich bin Beat Ammann.
Ich wohne in Bern.
Ich komme aus der Schweiz.

Hallo & Farewell

▶ CD 1 / 4 **3** Begrüßungen und Abschiede: Hören Sie zu. Ordnen Sie die Namen zu.

Jens • Jürgen • Jutta • Laura • Lukas • Martha • Ralf • Tanja

Guten Morgen!   Guten Tag!   Guten Abend!   Auf Wiedersehen! Tschüss! Bis bald!

Namen: Namen: Namen: Namen:

a *Laura*   **b** _____   **c** _____   **d** _____

Gespräch 1
Guten Morgen! Ich bin Laura.
Guten Morgen, Laura! Mein Name ist Lukas.

Gespräch 2
Guten Tag! Ich bin Jens.
Guten Tag, Jens! Ich bin Jutta.

Gespräch 3
Guten Abend! Mein Name ist Ralf.
Guten Abend, Ralf! Ich bin Jürgen.

Gespräch 4
Auf Wiedersehen, Tanja!
Tschüss, Martha. Bis bald!

Die Kinder = plural.

▶ CD 1
5 **Grammatik**

Das deutsche Alphabet

Hören Sie das Alphabet und sprechen Sie nach.

A	E	I	M	Q	U	Y	*Ypsilon*
B	F	J	N	R	V	Z	
C	G	K	O	S	W		
D	H	L	P	T	X		

▶ CD 1
6 **4** Hören Sie zu und sprechen Sie nach.   *(Pl. Singular Wörter)*

A *der* Apfel

B *die* Banane

C *der* Computer

D *der* Dackel

E *der* Elefant

F *der* Fisch

G *der* Garten

H *das* Haus

I *die* Insel

J *die* Jacke

K *das* Kind

L *die* Lampe

M *die* Maus

N *die* Nase

Nassey (English Nelson)

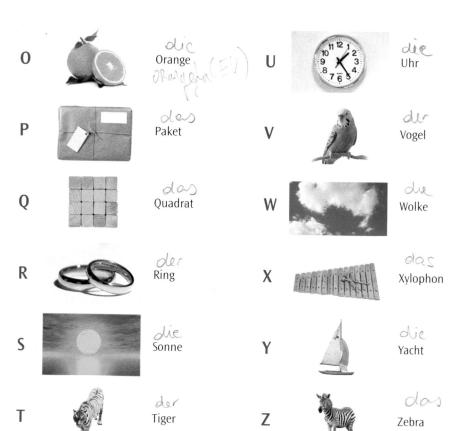

EV= English Latein *(handwritten)*

Kapitel 1

O — *die* Orange / Orangen (EV) *(handwritten)*

U — *die* Uhr

P — *das* Paket

V — *der* Vogel

Q — *das* Quadrat

W — *die* Wolke

R — *der* Ring

X — *das* Xylophon

S — *die* Sonne

Y — *die* Yacht

T — *der* Tiger

Z — *das* Zebra

Wortschatz

der Apfel	apple
die Banane	banana
der Computer	computer
der Dackel	dachshund
der Elefant	elephant
der Fisch	fish
der Garten	garden
das Haus	house
die Insel	island
die Jacke	jacket
das Kind	child
die Lampe	lamp
die Maus	mouse
die Nase	nose
die Orange	orange
das Paket	package
das Quadrat	square
der Ring	ring

Kapitel 1

die Sonne	.... sun	_____
die Tiger	.... tiger	_____
die Uhr	.... clock	_____
der Vogel	.... bird	_____
die Wolke	.... cloud	_____
das Xylophon	.... xylophone	_____
die Yacht	.... yacht	_____
das Zebra	.... zebra	_____

CD 1 **5** Hören Sie zu und schreiben Sie die Namen.
7

a Guten Tag, ich bin __ __ __ __ __ __ __ __ __   __ __ __ __ __ __.

b Hallo! Mein Name ist __ __ __ __ __ __ __   __ __ __ __ __ __ __ __.

CD 1 **6** Hören Sie zu und schreiben Sie die Stadt.
8

a Alexander wohnt in _____.

b Ursula wohnt in _____.

7 Und jetzt Sie! Sagen Sie die Buchstaben und schreiben Sie.

Mein Vorname ist _____.

Mein Familienname ist _____.

Ich wohne in _____.

Lesen

Die Top-10 der Vornamen in Deutschland (2012)

Lesen Sie die Namen.

Jungen		Mädchen	
1. Ben	6. Jonas	1. Mia	6. Anna
2. Luca / Luka	7. Leon	2. Emma	7. Lena
3. Paul	8. Louis / Luis	3. Hannah / Hanna	8. Leonie / Leoni
4. Lukas / Lucas	9. Maximilian	4. Lea / Leah	9. Lina
5. Finn / Fynn	10. Felix	5. Sophia / Sofia	10. Marie

Wortschatz

| der Junge | .... boy | _____ |
| das Mädchen | .... girl | _____ |

ⓘ Deutschland, Österreich und die Schweiz

In Deutschland, Österreich und in der Schweiz spricht man Deutsch. Die Hauptstadt von
Deutschland ist Berlin. In Deutschland wohnen 80,2 Millionen Menschen. Österreichs Hauptstadt
ist Wien. In Österreich wohnen 8,4 Millionen Menschen. Bern ist die Hauptstadt der Schweiz.
In der Schweiz wohnen 7,9 Millionen Menschen. (2011)

Das ist die deutsche Flagge:

Das ist die österreichische Flagge:

Das ist die schweizerische Flagge:

8 Tragen Sie ein.

> Deutschland • Österreich • die Schweiz • Berlin • Bern • Dresden • Frankfurt
> Köln • Hamburg • Leipzig • München • Salzburg • Wien • Zürich

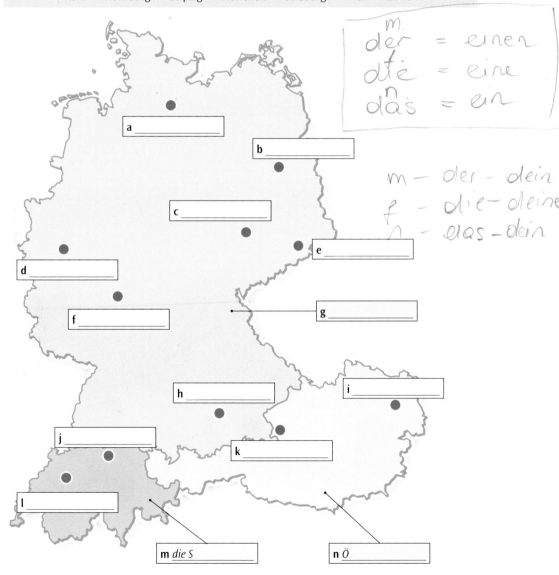

Kapitel 1

▶ CD1 **Aussprache**
9

Umlaute

Hören Sie zu und sprechen Sie nach.

A/a → Ä/ä   O/o → Ö/ö   U/u → Ü/ü

▶ CD1 Hören Sie zu und sprechen Sie nach.
10

A – Apfel   Ä – Äpfel

O – Orange   Ö – Öl

U – Uhr   Ü – Übergewicht

▶ CD1 **9** Hören Sie zu und schreiben Sie das Land.
11

a Mia kommt aus _____.

b Mehmet kommt aus der _____.

c Nils kommt aus _____.

▶ CD1 **ß – sch**
12

Hören Sie zu und sprechen Sie nach.

ß (Eszett)   sch (S – C – H)

▶ CD1 **10** Hören Sie zu und sprechen Sie nach.
13

ß – Fuß   sch – Schere

▶ CD1 **11** Was ist das? Hören Sie zu und schreiben Sie das Wort.
14

a _ _ _ _ _   **b** _ _ _ _   **c** _ _ _ _ _ _ _ _

d _ _ _ _ _   **e** _ _ _ _ _   **f** _ _ _ _ _ _ _ _

Test

CD 1
15
1 Hören Sie den Text zwei- bis dreimal und schreiben Sie die Antworten.

a Bärbel wohnt in _____ .

   Bärbel kommt aus Deutschland.

b Jörg wohnt in _____ .

   Jörg kommt aus der Schweiz.

c Jörgs Familienname ist _____ .

d Sascha wohnt in _____ .

e Sie kommt aus _____ .

f Saschas Familienname ist _____ .

2 Olaf wohnt in …

   a   Wien.   **b**   Schwerin.   **c**   Gießen.

3 Olaf kommt aus …

   a   Österreich.   **b**   Deutschland.   **c**   Dänemark.

4 Saschas Hobby ist …

   a   Musik.   **b**   Sport.   **c**   schlafen.

5 Jörgs Hobby ist …

   a   Musik.   **b**   Sport.   **c**   schlafen.

Punkte: ____ / 10   **Super!**

→ Begleitbuch, Hörtexte

Wer bist du?

In diesem Kapitel lernen Sie:

- ◢ Wortschatz: Alter, Adresse, Telefonnummer
- ◢ die Zahlen
- ◢ Personalpronomen
- ◢ Konjugation
- ◢ das Verb *sein*
- ◢ Aussprache: *st/sp* am Wortbeginn

▶ CD 1
16
Dialog 1

In der Universität

Anna spricht mit einer Studentin.

Anna	Hallo! Ich bin Anna. Wer bist du?
Claire	Hallo, Anna! Ich bin Claire. Studierst du hier?
Anna	Ja, ich bin Studentin. Woher kommst du?
Claire	Ich komme aus Paris. Woher kommst du, Anna?
Anna	Ich komme aus Berlin. Wie alt bist du?
Claire	Ich bin 22. Und wie alt bist du?
Anna	Ich bin 20 Jahre alt.

▶ CD 1
17
Dialog 2

Anna und Claire sprechen mit Boris.

Boris	Guten Tag, wer seid ihr?
Anna	Ich bin Anna, und das ist Claire. Wer bist du?
Boris	Ich bin Boris. Ich komme aus Moskau. Woher kommt ihr?
Claire	Ich komme aus Paris und Anna kommt aus Berlin.
Boris	Anna, wo wohnen dein Vater und deine Mutter?
Anna	Sie wohnen in Berlin. Meine Eltern sind nett.
Claire	Wohin geht ihr jetzt? Ich gehe ins Café. Kommt ihr mit?
Anna	Ja, das ist eine gute Idee. Kommst du, Boris?
Boris	Na klar, ich liebe Kaffee!

1 Ordnen Sie zu.

bin • bist • ist • sind • seid   komme • kommst • kommt • kommt

a Das _____ Claire.   **b** Anna _____ aus Berlin.

Ich _____ 20 Jahre alt.   Ich _____ aus Paris.

Meine Eltern _____ nett.   Woher _____ du?

Wie alt _____ du?   Woher _____ ihr?

Wer _____ ihr?

Wortschatz

ich I
Wer bist du? . . . . Who are you?
Wer? . . . . Who?
sein . . . . to be
du . . . . you

Studierst du hier?	Do you study here?	_____
studieren	to study	_____
hier	here	_____
die Studentin	female student	_____
Woher kommst du?	Where are you from?	_____
Woher?	Where from?	_____
kommen	to come	_____
Ich komme aus …	I'm from …	_____
aus	from	_____
Wie alt bist du?	How old are you?	_____
Wie?	How?	_____
alt	old	_____
Jahre alt	years old	_____
Wer seid ihr? (*Pl.*)	Who are you?	_____
ihr (*Pl.*)	you	_____
und	and	_____
das	that, this	_____
Moskau	Moscow	_____
Wo wohnen …?	Where do … live?	_____
Wo?	Where?	_____
wohnen	to live	_____
dein/e	your	_____
der Vater	father	_____
die Mutter	mother	_____
sie	they	_____
in	in	_____
mein/e	my	_____
die Eltern (*Pl.*)	parents	_____
nett	nice	_____
Wohin geht ihr?	Where are you going?	_____
Wohin?	Where to?	_____
gehen	to go	_____
jetzt	now	_____
ins	in to	_____
das Café	café	_____
Kommt ihr mit?	Will you come with (me)?	_____
ja	yes	_____
ein/e	a/an	_____
gut	good	_____
die Idee	idea	_____
na klar	of course	_____
lieben	to love	_____
der Kaffee	coffee	_____

Hören

CD 1
18 **Im Café**

2 Anna, Claire und Boris sitzen im Café. Hören Sie zu
   und ordnen Sie zu.

> Café • Computer • Germanistik •
> Informatik • Musik

a Anna, Claire und Boris sind im _____.

b Kaffee und _____ sind gut.

c Claire und Boris studieren _____.

d Anna studiert _____.

   Sie programmiert _____.

3 Anna, Claire und Boris sagen, wo sie wohnen. Ordnen Sie die Namen zu.

Name	Straße	Hausnummer
a	Hauptstraße	103
b	Lindenstraße	20
c	Platanenstraße	3

4 Was ist falsch? Korrigieren Sie.

a *Anna wohnt in der* ~~Hauptstraße~~. *Annas Hausnummer ist 20.*

   Lindenstraße

b Claire wohnt in der Platanenstraße. Claires Computer ist 3.

   _____

c Boris' Adresse ist Hauptstraße 20.

   _____

d Anna, Claire und Boris studieren Informatik.

   _____

Wortschatz

der / die / das	the	_____
Was studierst du?	What do you study?	_____
Was?	What?	_____
eigentlich	in fact, actually	_____
die Germanistik	German language and	_____
	literature (*university*	
	subject)	

der Student	male student
die Informatik	computing studies, computer science
programmieren	to program
interessant	interesting
in der …straße	in the … street
die Straße	street
die Adresse	address
die Hausnummer	house number

Dialog 3

Anna	Mmh, mein Kaffee ist gut.
Claire	Ja, und die Musik ist gut.
Anna	Was studierst du eigentlich, Claire?
Claire	Ich studiere Germanistik. Und du, Boris, bist du Student?
Boris	Ja, ich bin Student. Ich studiere auch Germanistik! Was studierst du, Anna?
Anna	Ich studiere Informatik.
Boris	Informatik? Was ist das?
Anna	Ich programmiere Computer.
Claire	Ah, du programmierst Computer? Das ist interessant.
Boris	Anna, wo wohnst du?
Anna	Ich wohne in der Lindenstraße 20. Und wie ist deine Adresse, Boris?
Boris	Ich wohne in der Hauptstraße 103.
Anna	Und wo wohnst du, Claire? Wie ist deine Adresse?
Claire	Ich wohne in der Platanenstraße.
Boris	Und die Hausnummer?
Claire	Meine Hausnummer ist 3.

Grammatik

1 Personalpronomen

	Singular	Plural
1. *Person*	ich	wir
2. *Person*	du Sie	ihr Sie
3. *Person*	er sie es	sie

5 Ergänzen Sie die Pronomen.

a Das ist Anna. _____ studiert Mathematik.

b Das ist Boris. _____ ist 21 Jahre alt.

c Das sind Markus und Maria. _____ wohnen in Berlin.

d Claire, woher kommst _____? – _____ komme aus Paris.

e Claire und Anna, wo seid _____? – _____ sind im Café.

f Guten Tag, Professor Wagner! Wo wohnen _____? – _____ wohne in der Birkenstraße.

ⓘ du, ihr, Sie
Im Deutschen gibt es drei Formen für die 2. Person. Für Kinder, Familienmitglieder und Freunde benutzt man „du" oder „ihr" (die informelle Form). Zu Unbekannten und älteren Personen sagt man „Sie" (die förmliche Form).

2 Der Infinitiv

Alle Verben haben eine Infinitivform. Sie ist die Grundform. Infinitive enden auf -(e)n.

wohn**en**   geh**en**   sei**n**

6 Was ist der Infinitiv?

a Ihr geht ins Kino.   *gehen*   **c** Er kommt aus Österreich. _____

b Ich studiere Germanistik. _____   **d** Bist du Alex? _____

3 Konjugation

	kommen	
ich	komme	e
du	kommst	st
er / sie / es	kommt	t
wir	kommen	en
ihr	kommt	t
sie / Sie	kommen	en

Kapitel 2

7 Ergänzen Sie die Endungen.

a Claire, woher komm__ du? – Ich komm__ aus Paris.

b Anna und Alex, woher komm__ ihr? – Wir komm___ aus Berlin.

c Professor Wagner, woher komm__ Sie?

d Boris komm__ aus Moskau.

e Maria und Markus komm___ aus Berlin.

8 Ordnen Sie zu.

gehe • gehen (3×) • gehst • geht (2×)

a Hallo Claire, wohin _____ du? – Ich _____ in die Universität.

b Anna und Boris, wohin _____ ihr? – Wir _____ ins Café.

c Und Alex? – Alex _____ in den Club.

d Professor Wagner, wohin _____ Sie?

e Maria und Markus _____ ins Theater.

4 Das Verb *sein*

ich	bin		wir	sind
du	bist		ihr	seid
er / sie / es	ist		sie / Sie	sind

9 Ordnen Sie zu.

bin (2×) • bist • ist • seid • sind (3×)

a Was ist das? – Das _____ mein Auto.

b Wer _____ du? – Ich _____ Claire.

c Wer _____ Sie? – Ich _____ Professor Wagner.

d Wo _____ ihr? – Wir _____ im Café.

e Meine Eltern _____ Maria und Markus Müller.

▶ CD 1
19   **5 Die Zahlen**

Hören Sie die Zahlen 1–20 und sprechen Sie nach.

1	eins	**6**	sechs	**11**	elf	**16**	sechzehn
2	zwei	**7**	sieben	**12**	zwölf	**17**	siebzehn
3	drei	**8**	acht	**13**	dreizehn	**18**	achtzehn
4	vier	**9**	neun	**14**	vierzehn	**19**	neunzehn
5	fünf	**10**	zehn	**15**	fünfzehn	**20**	zwanzig

10 Wie viele? Schreiben Sie die Zahl.

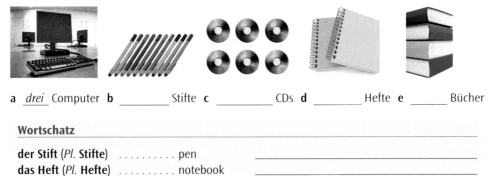

a *drei* Computer **b** _____ Stifte **c** _____ CDs **d** _____ Hefte **e** _____ Bücher

---

Wortschatz

der Stift (*Pl.* **Stifte**) . . . . pen   _____
das Heft (*Pl.* **Hefte**) . . . . notebook   _____
das Buch (*Pl.* **Bücher**) . . . . book   _____

► CD 1   Hören Sie die Zahlen 21–30 und sprechen Sie nach.
20–21

21	einundzwanzig	26	sechsundzwanzig
22	zweiundzwanzig	27	siebenundzwanzig
23	dreiundzwanzig	28	achtundzwanzig
24	vierundzwanzig	29	neunundzwanzig
25	fünfundzwanzig	30	dreißig

Hören Sie zu und sprechen Sie nach.

31	einunddreißig	70	siebzig	101	(ein)hunderteins
40	vierzig	80	achtzig	136	(ein)hundertsechsunddreißig
50	fünfzig	90	neunzig	1000	(ein)tausend
60	sechzig	100	(ein)hundert	0	null

11 Mathematik. Schreiben Sie die Zahlen.

a 15 *fünfzehn*_____   +   11 _____   =   _____

b 31 _____   −   7 _____   =   _____

c 19 _____   +   36 _____   =   _____

d fünfundzwanzig + drei = _____

e sechzehn − _____ = elf

f siebenundfünfzig + _____ = siebenundsiebzig

g _____ − fünfzig = fünfzig

h achtundsechzig + _____ = zweiundachtzig

i einhundertzweiundzwanzig − _____ = einhundertzehn

j dreißig − dreiunddreißig + drei = _____

CD 1
22
12 Hören Sie zu. Schreiben Sie die Telefonnummern.

Boris	Anna, was ist deine Telefonnummer?
Anna	Meine Telefonnummer ist _____. Und was ist deine Telefonnummer, Boris?
Boris	Meine Telefonnummer ist _____.
Anna	Und Claire, was ist deine Telefonnummer?
Claire	Meine Telefonnummer ist _____.

Wortschatz

die Telefonnummer . . . . telephone number   _____

CD 1
23
13 Und jetzt Sie! Hören Sie zu und antworten Sie.

Boris	Guten Tag! Ich bin Boris Janukow. Wer sind Sie?
Sie	_____
Boris	Ich bin 21 Jahre alt. Wie alt sind Sie?
Sie	_____
Boris	Was ist Ihre Adresse?
Sie	_____
Boris	Und was ist Ihre Telefonnummer?
Sie	_____
Boris	Danke! Auf Wiedersehen!

Lesen

Frau Richter

Das ist Frau Richters Personalausweis. Frau Richter kommt aus Deutschland.

14 Beantworten Sie die Fragen.

a Was ist Frau Richters Vorname? _____

b Wie alt ist sie 2013? _____

c Wo wohnt sie? _____

d Was ist Frau Richters Hausnummer? _____

CD 1 24 **Aussprache**

st/sp **am Wortbeginn**

Hören Sie zu und sprechen Sie nach.

Straße	ist
Student	Germanistik
Studentin	Österreich
studieren	kommst
Sport	Vespa

❗ Birkenstraße = Birken + Straße

CD 1 25 **15** Lesen Sie laut. Hören Sie dann zur Kontrolle.

Strauß   Wespe   Schlange   Spatz   Frösche

Test

1 Schreiben Sie die Endungen.

a Anna, woher komm__ du?   **c** Boris und Claire, wohin geh__ ihr?

b Ich komm__ aus Berlin.   **d** Wir geh___ ins Theater.

2 Schreiben Sie Formen von *sein*.

a Frau Müller, wo _____ Sie?

b Ich _____ im Café.

c Alex, wie alt _____ du?

3 Schreiben Sie die Zahlen.

a zwölf + drei = _____

b fünfundvierzig – neun = _____

c zweiundneunzig + zwanzig = _____

Punkte: ____ / 10   **Sehr gut!**

Kapitel 3

Was ist das?

In diesem Kapitel lernen Sie:

- ◢ Wortschatz: die Wohnung

- ◢ die Farben

- ◢ der definite Artikel: *der / die / das*

- ◢ Singular und Plural

- ◢ der indefinite Artikel: *ein / eine, kein / keine*

- ◢ Aussprache: *ch*

Kapitel 3

● CD 1 **Dialog 1**
  26

Eine neue Wohnung

Susanne und Peter haben eine neue Wohnung. Susannes Mutter Gertrud besucht sie.

Gertrud	Hallo Susanne, hallo Peter.
Susanne	Hallo Mutti, willkommen! Das ist unsere neue Wohnung.
Peter	Guten Tag, Gertrud. Wie geht's?
Gertrud	Danke, gut.
Susanne	Das ist das Wohnzimmer. Hier ist der Tisch, hier stehen die Stühle und dort steht das Sofa.
Peter	Hier im Regal stehen die Bücher.
Gertrud	Die Lampe ist schön.

Gertrud	Und wo ist die Küche?
Susanne	Hier durch die Tür.
Peter	Das ist die Küche. Hier ist der Kühlschrank.
Gertrud	Die Küche hat ein Fenster. Das Fenster ist toll!
Susanne	Ja, und der Herd ist sehr modern.

Gertrud	Wo ist euer Schlafzimmer?
Susanne	Hier ist das Schlafzimmer. Wie findest du das Bett?
Gertrud	Es ist etwas klein.
Susanne	Daneben steht der neue Schrank.
Gertrud	Eure Wohnung ist wirklich gemütlich. Wo ist denn die Toilette?
Peter	Die Toilette ist dort drüben.

1 Ordnen Sie zu.

> das Bett • der Kühlschrank • der Schrank • der Herd • ~~der Tisch~~
> die Mikrowelle • die Stühle • die Lampe • das Regal • die Bücher
> die Tür • das Fenster • das Sofa

a das Wohnzimmer: *der Tisch,*

b die Küche:

c das Schlafzimmer:

Wortschatz

die Mutti	mum, mummy, mom	
willkommen	welcome	
unser/e	our	
neu	new	
die Wohnung	flat, apartment	
Wie geht's?	How are you?	
danke	thanks, thank you	
das Wohnzimmer	living room	
der Tisch	table	
stehen	to stand	
der Stuhl (*Pl.* **Stühle**)	chair	
dort	there	
das Sofa	sofa	
im	in the	
das Regal	shelf	
die Lampe	lamp	
schön	pretty, beautiful	
die Küche	kitchen	
durch	through	
die Tür	door	
der Kühlschrank	fridge	
haben	to have	
das Fenster	window	
toll	super	
der Herd	cooker, stove	
sehr	very	
modern	modern	
euer (*Pl.*)	your	
das Schlafzimmer	bedroom	
finden	to find	

das Bett	. . . .	bed
es	. . . .	it
etwas	. . . .	somewhat
klein	. . . .	small
daneben	. . . .	next to it
der Schrank	. . . .	cupboard
wirklich	. . . .	really
gemütlich	. . . .	cosy, comfortable
Wo ist denn …?	. . . .	Whereabouts is …?
die Toilette	. . . .	toilet
dort drüben	. . . .	over there

	haben	finden	stehen
ich	habe	finde	stehe
du	hast	findest	stehst
er / sie / es	hat	findet	steht
wir	haben	finden	stehen
ihr	habt	findet	steht
sie / Sie	haben	finden	stehen

❶ Verben auf **-d / -t / -n / -m** bekommen ein **-e-** vor der Endung.

Hören

 CD 1
27 **Im Arbeitszimmer**

2 Eine Freundin besucht Susanne. Korrigieren Sie: richtig (**R**) oder falsch (**F**)?

a ☐ F ☐ *Susannes Freundin ist im ~~Wohnzimmer~~.*

Arbeitszimmer

b ☐ Im Arbeitszimmer steht ein Kühlschrank.

c ☐ Susanne und Peter haben zwei Schreibtische im Arbeitszimmer.

d ☐   Peter hat viel Papier auf dem Schreibtisch.

e ☐   Die Stifte stehen im Regal.

f ☐   Die CDs stehen auf dem Schreibtisch.

g ☐   Susannes Freundin findet das Arbeitszimmer praktisch und modern.

h ☐   Im Schlafzimmer gibt es Kaffee und Kuchen.

Wortschatz

das Arbeitszimmer	study, office
Warum?	Why?
der Schreibtisch	
(*Pl.* **Schreibtische**)	desk
Peters	Peter's
auf	on
liegen	to lie
aber	but
viel	a lot, lots
das Papier	paper
arbeiten	to work
die CD (*Pl.* **CDs**)	CD
praktisch	practical
Kommt ins Wohnzimmer!	Come to the living room!
es gibt	there is, there are
der Kuchen	cake

	arbeiten
ich	arbeite
du	arbeitest
er / sie / es	arbeitet
wir	arbeiten
ihr	arbeitet
sie / Sie	arbeiten

Dialog 2

Hannah	Hallo Susanne, wo bist du?
Susanne	Hier bin ich, im Arbeitszimmer!
Hannah	Ah, hier ist das Arbeitszimmer. Warum habt ihr zwei Schreibtische?
Susanne	Das ist mein Schreibtisch und das ist Peters Schreibtisch.
Hannah	Auf deinem Schreibtisch liegt aber viel Papier!
Susanne	Ja, ich arbeite sehr viel.
Hannah	Wo sind die Stifte?
Susanne	Die Stifte stehen auf Peters Schreibtisch.
Hannah	Und hier steht der Computer.
Susanne	Ja, die CDs sind dort im Regal.
Peter	Wo seid ihr denn?
Susanne	Wir sind hier, im Arbeitszimmer.
Peter	Wie findest du unser Arbeitszimmer?
Hannah	Ich finde es sehr praktisch und modern.
Susanne	Kommt ins Wohnzimmer, es gibt Kaffee und Kuchen!

3 Und jetzt Sie! Was haben Sie in Ihrer Wohnung / Ihrem Haus? Schreiben Sie auf.

a in der Küche: _____

b im Wohnzimmer: _____

c im Arbeitszimmer: _____

d im Schlafzimmer: _____

Grammatik

1 Der definite Artikel: *der / die / das*

Nomen haben Artikel:
- *der* für maskuline Nomen
- *die* für feminine Nomen
- *das* für neutrale Nomen
- *die* für Plural

Kapitel 3

A Personen

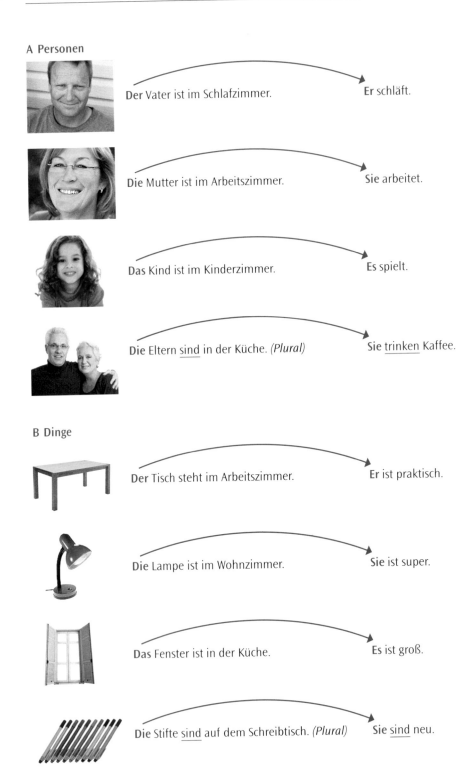

Der Vater ist im Schlafzimmer. → Er schläft.

Die Mutter ist im Arbeitszimmer. → Sie arbeitet.

Das Kind ist im Kinderzimmer. → Es spielt.

Die Eltern sind in der Küche. *(Plural)* → Sie trinken Kaffee.

B Dinge

Der Tisch steht im Arbeitszimmer. → Er ist praktisch.

Die Lampe ist im Wohnzimmer. → Sie ist super.

Das Fenster ist in der Küche. → Es ist groß.

Die Stifte sind auf dem Schreibtisch. *(Plural)* → Sie sind neu.

4 Ergänzen Sie *der, die, das* oder *die*.

a Wo ist _____ Bett? – Es ist im Schlafzimmer.

b Wo ist _____ Kühlschrank? – Er steht in der Küche.

c Wo sind _____ CDs? – Sie stehen im Regal.

d Wo ist _____ Computer? – Er ist im Arbeitszimmer.

e Wo ist _____ Lampe? – Sie ist im Wohnzimmer.

f Wo ist _____ Papier? – Es ist auf dem Schreibtisch.

g Wo sind _____ Stühle? – Sie stehen im Wohnzimmer.

2 Singular und Plural

Singular	Plural	
das Fenster	die Fenster	
die Mutter	die Mütter	-(ä / ö / ü)-
das Sofa	die Sofas	-s
das Regal	die Regale	-e
der Stuhl	die Stühle	-(ä / ö / ü)-e
die Lampe	die Lampen	
das Bett	die Betten	-n
die Studentin	die Studentinnen	-(n)en
das Kind	die Kinder	-er
das Buch	die Bücher	-(ä / ö / ü)-er
❶	die Eltern	*kein Singular*

❶ d̲e̲r **Schrank**	→	d̲e̲r Kühl**schrank**
d̲i̲e̲ **Schränke**	→	d̲i̲e̲ Kühl**schränke**

5 Ordnen Sie zu und markieren Sie die Pluralendung.

die Toilette / die Toiletten • ~~der Computer / die Computer~~ • die CD / die CDs •
der Vater / die Väter • der Stift / die Stifte • das Wörterbuch / die Wörterbücher •
die Wohnung / die Wohnungen • der Kühlschrank / die Kühlschränke

-(ä / ö / ü)-	-s	-(ä / ö / ü)-e	-(n)(e)n	-(ä / ö / ü)-er
der Computer, die Computer				

Kapitel 3

6 Wie heißt der Singular?

a die Tische der *Tisch*   **e** die Studentinnen die _____

b die Stühle der _____ **f** die Papiere das _____

c die Regale das _____ **g** die Kinder das _____

d die Lampen die _____ **h** die Zimmer das _____

7 Wie heißt der Plural?

a der Schrank, ¨-e die *Schränke* _____

b der Student, -en die _____

c das Baby, -s _____

d das Haus, ¨-er _____

e der Kuchen, - _____

3 Die Farben

● rot ○ gelb ● blau ● grün ○ orange ● braun

● pink / rosa ● violett / lila ● schwarz ○ weiß ● grau

4 Der indefinite Artikel *ein / eine – kein / keine*

der Hund	→	**ein** Hund	→	**kein** Hund
die Katze	→	**eine** Katze	→	**keine** Katze
das Kind	→	**ein** Kind	→	**kein** Kind
die Kinder	→	Kinder	→	**keine** Kinder

8 Was ist das? Schreiben Sie Sätze.

der Kühlschrank die Jacke das Sofa die Bananen

a   **b**   **c**   **d**

Das ist ein Kühlschrank. *Das ist eine* _____ _____ *Das sind* _____

Der Kühlschrank ist _____ _____ _____

weiß.   *blau.* _____

CD 1 **9** Was ist das? Hören Sie zu.
28

a   _Das ist keine Lampe._   **d**

      Das ist ein Tisch. _____

b   _Das ist keine_ _____   **e**

_____

c _____

Lesen

Möbel kaufen

Tischlampe
49,–
Sofa
299,–
Tisch
380,–
Modern entspannen

Regal
39,–
Schreibtisch   Lampe
254,–   **49,–**
Stuhl
148,–
Inspiriert arbeiten

10 Was gibt es? Kreuzen Sie an.

☐ Tisch   ☐ Kühlschrank   ☐ Lampe   ☐ Sofa   ☐ Schrank
☐ Computer   ☐ Bett   ☐ Stuhl   ☐ Regal   ☐ Herd

Kapitel 3

11 Beantworten Sie die Fragen.

a Was ist lila? Wie viel kostet es? – _____ ist lila. Es kostet _____ Euro.

b Was ist grün? Wie viel kostet es? – _____

c Was ist weiß? Wie viel kostet es? – _____

d Was ist braun? Wie viel kostet es? – _____

ℹ Ein deutsches Wörterbuch

In einem deutschen Wörterbuch gibt es Informationen zu allen deutschen Wörtern. Zum Beispiel zu den Artikeln und dem Nomen.

▶ CD1 29 **Aussprache**

ch

Hören Sie zu und sprechen Sie nach.

nach a / o / u / au	nach e / i / ä / ö / ü / äu / eu / Konsonant
acht	sprechen
die Sprache	ich
der Koch	die Köchin
das Buch	die Küche
der Kuchen	euch
auch	durch

⚠ sechs, Fuchs: „chs" = *ks*

▶ CD1 30 **12** Hören Sie zu und ordnen Sie zu.

~~Österreich~~ • richtig • das Buch • München • wirklich • natürlich • der Kuchen sprechen • machen

nach a / o / u / au	nach e / i / ä / ö / ü / äu / eu / Konsonant
	Österreich,

Kapitel 3

Test

1 Ordnen Sie zu.

ein (2×) • eine (2×) • kein • keine

a A Was ist das? Ist das _____ Tisch?

  B Nein, das ist _____ Tisch. Das ist _____ Mikrowelle.

b A Was ist das? Ist das _____ Tür?

  B Nein, das ist _____ Tür. Das ist _____ Sofa.

das • der • die (2×) • er • es • sie (2×)

c A Wo ist der Tisch?
  B Er ist im Wohnzimmer.

  A Wo sind _____ Stühle?

  B _____ sind in der Küche.

  A Wo ist _____ Bett?

  B _____ ist im Schlafzimmer.

  A Wo ist _____ Computer?

  B _____ ist auf dem Schreibtisch.

  A Und wo ist _____ Lampe?

  B _____ steht daneben.

2 Ergänzen Sie Singular oder Plural.

a der Stift   –   die Stifte

b der Tisch   –   _____

c _____   –   die Wohnungen

d das Buch   –   _____

e _____   –   die Studentinnen

f das Sofa   –   _____

g _____   –   die Zimmer

Punkte: _____ / 20   **Ausgezeichnet!**

Wer ist das?

In diesem Kapitel lernen Sie:

- Wortschatz: die Familie
- Possessivartikel (*mein, dein, sein …*)
- Subjekt und Verb
- *W*-Fragen
- *Ja-/Nein*-Fragen
- Subjekt und Objekt – Nominativ und Akkusativ
- Aussprache: *ei – ie*

▶ CD1 **Dialog 1**
31

Meine Familie

Die Müllers beschreiben ihre Familie.

Andreas Müller   Alex Müller   Anna Müller

Erich Müller   Maria Müller

Ursula Müller   Markus Müller

Alex Müller	Das ist meine Familie. Anna ist meine Schwester. Andreas ist mein Bruder. Meine Eltern heißen Maria und Markus Müller. Daneben sind meine Großeltern: Ursula und Erich Müller.
Anna Müller	Meine Großmutter Ursula ist toll. Sie kocht sehr gut. Mein Großvater Erich hat morgen Geburtstag. Er wird 70 Jahre alt. Seine Geburtstagsparty wird super! Alex ist mein Bruder. Er ist ein bisschen verrückt. Mein Bruder Andreas ist sportlich.
Maria Müller	Ich liebe meine Familie. Markus ist mein Mann. Er ist lustig. Wir haben drei Kinder.
Markus Müller	Meine Frau heißt Maria. Sie ist sehr intelligent. Wir haben eine Tochter. Sie heißt Anna. Unsere zwei Söhne heißen Alex und Andreas.
Ursula Müller	Mein Mann heißt Erich. Wir haben drei Enkelkinder. Meine Enkeltochter heißt Anna und meine Enkelsöhne heißen Alex und Andreas. Wir sind eine glückliche Familie. Wir haben auch ein Haustier. Unser Hund heißt Bello. Bello ist nicht sehr klug, sondern ein bisschen dumm.
Erich Müller	Mein Sohn heißt Markus. Maria ist meine Schwiegertochter. Sie ist immer freundlich. Ich werde morgen 70 Jahre alt.

1 Ordnen Sie zu.

> Bruder • Enkelkinder • Großvater • Mann • Schwiegertochter • Sohn
> Söhne • Tochter

a Ich heiße Anna. Ich bin 23 Jahre alt. Mein _____ Alex ist 19 Jahre alt.

Mein _____ wird morgen 70 Jahre alt.

b Ich heiße Maria Müller. Meine _____ heißt Anna und meine

_____ heißen Alex und Andreas. Markus ist mein _____.

c Ich bin Ursula Müller. Markus ist mein _____ und Maria ist meine

_____. Ich habe drei _____: Anna, Andreas und Alex.

2 Ergänzen Sie die Tabelle.

	Frau	Mann
a	_____	Bruder
	Großeltern	
b	_____	Großvater
	Eltern	
c	Mutter	_____
	Kinder	
d	_____	Sohn
e	Schwieger_____	Schwiegersohn
	Enkelkinder	
f	Enkeltochter	_____

3 Wie ist ein Haustier? Beschreiben Sie.

> auch • ein bisschen • immer
> nicht sehr • sehr • wirklich

> dumm • freundlich • glücklich • groß
> intelligent • klein • klug • lustig • schön • verrückt

Ursula   Mein Hund ist immer lustig, ein bisschen dumm und wirklich freundlich. Bello ist klein.

Mein Hund ist _____.

Meine Katze ist _____.

Wortschatz

die Familie, -n	. . . .	family	_____
die Schwester, -n	. . . .	sister	_____
der Bruder, ü-	. . . .	brother	_____

heißen	to be called	
die Großeltern (*Pl.*)	grandparents	
die Großmutter, ü-	grandmother	
kochen	to cook	
der Großvater, ä-	grandfather	
morgen	tomorrow	
der Geburtstag, -e	birthday	
werden	to become	
die Geburtstagparty, -s	birthday party	
die Party, -s	party	
super	super, excellent	
ein bisschen	a bit	
verrückt	crazy	
sportlich	sporty	
der Mann, ä-er	husband; *also*: man	
lustig	funny	
die Frau, -en	wife; *also*: woman	
intelligent	intelligent	
die Tochter, ö-	daughter	
der Sohn, ö-e	son	
das Enkelkind, -er	grandchild	
die Enkeltochter, ö-	granddaughter	
der Enkelsohn, ö-e	grandson	
glücklich	happy	
das Haustier, -e	pet	
der Hund, -e	dog	
nicht	not	
klug	clever	
sondern	but	
dumm	stupid	
die Schwiegertochter, ö-	daughter-in-law	
immer	always	
freundlich	friendly	
der Schwiegersohn, ö-e	son-in-law	
auch	also	
groß	big	
die Katze, -n	cat	

Kapitel 4

	heißen	**werden**
ich	heiße	werde
du	heißt	wirst
er / sie / es	heißt	wird
wir	heißen	werden
ihr	heißt	werdet
sie / Sie	heißen	werden

4 Und jetzt Sie! Wie heißt Ihre Familie? Antworten Sie.

Meine Mutter heißt _____. Mein Vater heißt _____.

Meine Großmutter heißt _____. Mein Großvater heißt _____.

Meine Schwester heißt _____. Mein Bruder heißt _____.

Meine _____. Mein _____.

Meine _____. Mein _____.

Meine _____. Mein _____.

 CD 1
32

Hören

Die Geburtstagsparty

5 Großvater Erich hat Geburtstag. Anna und ihr Freund Marco sind auf der Geburtstagsparty.
Wer trinkt was? Verbinden Sie.

| **a** Großvater Erich trinkt … | **b** Anna trinkt … | **c** Marco trinkt … | **d** Tante Hilde trinkt … | **e** Onkel Freddy trinkt … |

Apfelschorle   Bier   Rotwein   Weißwein

6 Was ist richtig? Kreuzen Sie an.

a Onkel Freddy isst … ▢ Kuchen. ▢ Bratwurst. ▢ Spaghetti.

b Tante Hilde isst … ▢ Kuchen. ▢ Bratwurst. ▢ Spaghetti.

c Onkel Freddy kommt aus … ▢ Australien. ▢ Deutschland. ▢ Österreich.

d Bratwurst und Kuchen sind … ▢ im Garten. ▢ im Supermarkt. ▢ in der Küche.

Wortschatz

sitzen	. . . .	to sit
trinken	. . . .	to drink
das Bier, -e	. . . .	beer
das Glas, ä-er	. . . .	glass
die Apfelschorle, -n	. . . .	apple juice and mineral water
sag mal	. . . .	tell me
Wer?	. . . .	Who?
der Onkel, -	. . . .	uncle
Australien	. . . .	Australia
die Tante, -n	. . . .	aunt
der Wein, -e	. . . .	wine
Rotwein / Weißwein, -e	. . . . . .	red wine / white wine
essen	. . . .	to eat
die Bratwurst, ü-e	. . . .	fried sausage
Hunger haben	. . . .	to be hungry
Ich möchte …	. . . .	I would like …

	sitzen	essen	glauben	trinken
ich	sitze	esse	glaube	trinke
du	sitzt	isst	glaubst	trinkst
er / sie / es	sitzt	isst	glaubt	trinkt
wir	sitzen	essen	glauben	trinken
ihr	sitzt	esst	glaubt	trinkt
sie / Sie	sitzen	essen	glauben	trinken

Dialog 2

Marco	Hallo, Anna, wo ist dein Großvater?
Anna	Er sitzt im Garten und trinkt Bier. Großvater trinkt immer Bier.
Marco	Ich trinke auch Bier. Und was trinkst du, Anna?
Anna	Ich trinke ein Glas Apfelschorle. Wie ist dein Bier?
Marco	Mein Bier ist sehr gut. Sag mal, wer ist das dort?
Anna	Der Mann dort drüben?
Marco	Ja, der lustige Mann.
Anna	Das ist mein Onkel Freddy. Er kommt aus Australien.
Marco	Und wer ist die Frau daneben?
Anna	Das ist Tante Hilde. Sie ist sehr freundlich.
Marco	Was trinkt Tante Hilde? Ist das Wein?
Anna	Ja, Tante Hilde trinkt Wein. Das ist Rotwein. Und Onkel Freddy … Onkel Freddy hat auch ein Glas Wein. Ich glaube, Onkel Freddy trinkt Weißwein.
Marco	Und was isst Onkel Freddy?
Anna	Er isst eine Bratwurst und Tante Hilde isst Kuchen.
Marco	Ich habe Hunger. Ich möchte auch eine Bratwurst essen.
Anna	Und ich möchte Kuchen. Kuchen und Bratwurst sind in der Küche.

ⓘ Apfelschorle
Eine Schorle ist ein Saft mit Mineralwasser gemischt. Es gibt viele Varianten, aber die Apfelschorle ist die bekannteste.

Grammatik

1 Possessivartikel

		maskulin	neutral	feminin	Plural
ich	mein	mein Wein	mein Bier	meine Apfelschorle	meine Gläser
du	dein	dein Wein	dein Bier	deine Apfelschorle	deine Gläser
er	sein	sein Wein	sein Bier	seine Apfelschorle	seine Gläser
sie	ihr	ihr Wein	ihr Bier	ihre Apfelschorle	ihre Gläser
es	sein	sein Wein	sein Bier	seine Apfelschorle	seine Gläser
wir	unser	unser Wein	unser Bier	unsere Apfelschorle	unsere Gläser
ihr	euer	euer Wein	euer Bier	eure Apfelschorle	eure Gläser
sie	ihr	ihr Wein	ihr Bier	ihre Apfelschorle	ihre Gläser
Sie	Ihr	Ihr Wein	Ihr Bier	Ihre Apfelschorle	Ihre Gläser

der, das	→	ein, kein	→	mein, dein, sein, ihr, unser, euer, Ihr
die	→	eine, keine	→	meine, deine, seine, ihre, unsere, eure, Ihre

7 Tante Hilde fragt Onkel Freddy nach seiner Familie. Ergänzen Sie die Endungen.

a Freddy, wer ist das dort drüben? – Das ist mein__ Nichte Anna.

b Und daneben, wer ist das?   – Das ist ihr__ Freund Marco.

c Wer sind Annas Brüder?   – Ihr__ Brüder sind Andreas und Alex.

d Wer ist Andreas?   – Er ist mein__ Neffe. Maria und Markus sind sein__ Eltern.

e Ich glaube, ich mag dein__ Familie.

f Hilde, das ist unser__ Familie!

8 Jetzt fragt Anna Marco nach seiner Familie. Ergänzen Sie die Possessivartikel. Achten Sie auf die Endungen.

dein • ihr • ihre (2×) • ~~mein~~ • mein • seine • unsere

a Marco, wer ist das dort drüben? – Das ist _mein_____ Bruder Lukas.

b Lukas ist _____ Bruder? Wer ist die Frau daneben? Ist das Lukas' Frau?

c Nein, das ist nicht _____ Frau. Das ist _____ Schwester.

d Wie heißt sie? – _____ Name ist Franziska. Sie hat zwei Kinder.

Kapitel 4

e Marco, wo sind Franziskas Kinder? – _____ Kinder sind in der Küche.

f Warum sind sie in der Küche? – Ich glaube, sie möchten Apfelschorle. _____ Gläser sind leer.

g Ich gehe in die Küche. _____ Glas ist auch leer.

Wortschatz

die Nichte, -n . . . . niece
der Freund, -e . . . . male friend, boyfriend
der Neffe, -n . . . . nephew
nein . . . . no

_____
_____
_____
_____
_____

9 Ergänzen Sie die Possessivartikel. Achten Sie auf die Endungen.

a Marco sagt: „Das ist Lukas. Er ist _____ Bruder."

b Anna fragt: „Marco, Lukas ist _____ Bruder?"

c Das ist Freddy. Hilde ist _____ Frau.

d Das ist Hilde. Freddy ist _____ Mann.

e Maria und Markus sagen: „Anna, Andreas und Alex sind _____ Kinder."

f Hilde fragt: „Maria und Markus, wie heißen _____ Kinder?"

g Das sind Markus und Maria. Anna, Andreas und Alex sind _____ Kinder.

h Herr Meyer fragt: „Frau Müller, sind Anna, Andreas und Alex _____ Kinder?"

2 Subjekt und Verb

Ich arbeite viel.

Subjekt + Verb   Du arbeitest im Arbeitszimmer.

Alex arbeitet in der Küche.

Anna trinkt heute Rotwein.   →   Heute trinkt Anna Rotwein.

❶ Verb = Position 2

10 Ergänzen Sie das Subjekt. Achten Sie auf das Verb.

du (2×) • ich • ihr • Lisa • wir

a _____ heiße Sabine.

b _____ studierst in München.

c _____ habt einen Hund.

d _____ kommt aus Hamburg.

e Heute gehen _____ ins Café.

f Morgen arbeitest _____ im Garten.

Kapitel 4

3 W-Fragen

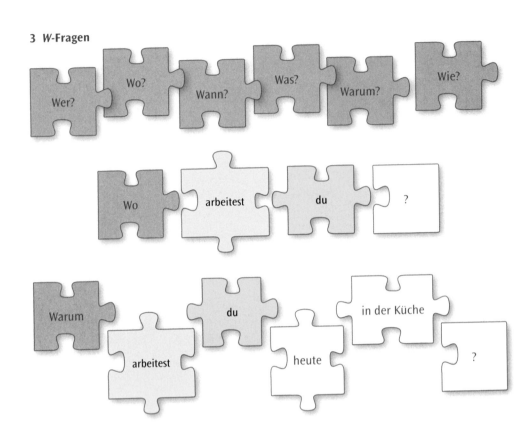

11 Schreiben Sie W-Fragen.

a du bist: Wer __*bist*__ __*du*__ ?

b ihr kauft: Was _____ _____ im Supermarkt?

c er trinkt: Warum _____ _____ Apfelschorle?

d Anna studiert: Was _____ _____ ?

e wir gehen: Wann _____ _____ ins Café?

12 Schreiben Sie W-Fragen und Antworten.

a du – kommen – wann / ich – kommen – morgen

Wann   *komm**st***   *du*   ?   *Ich*   *komm**e***   *morgen* .

b Sie – heißen – wie / ich – heißen – Frau Schumann

_____ ? _____ .

c ihr – wohnen – wo / wir – wohnen – in Leipzig

_____ ? _____ .

d die Eltern – essen – was – heute / sie – essen – heute – Kuchen

<u>   </u> ?

<u>   </u> .

4 *Ja-/Nein*-Fragen

Trinkt ihr Apfelschorle? ➤ Ja, **wir trinken** Apfelschorle.
                               ➤ Nein, **wir trinken** keine Apfelschorle.

Arbeitest du heute? ➤ Ja, **ich arbeite** heute.
                      ➤ Nein, **ich arbeite** heute nicht.

Sind Sie Frau Schumann? ➤ Ja, **ich bin** Frau Schumann.
                        ➤ Nein, **ich bin** Frau Müller.

> **❶** Ja-/Nein-Fragen: Verb = Position 1

13 Ergänzen Sie die Frage oder die Antwort.

a Kommen Sie aus Köln? – Ja, ich <u>   </u> .

b Trinkt <u>   </u> – Ja, Robert trinkt Bier.

c <u>   </u> – Nein, ich trinke keine Apfelschorle.

d Esst ihr Pizza? – Nein, <u>   </u> keine Pizza.

CD 1 33 **14** Hören Sie zu. Marco stellt Fragen. Antworten Sie. Hören Sie anschließend die richtige Antwort.

Marco   Hallo. Ich heiße Marco. Was trinken Sie?

Sie   <u>   </u> . (*ein Glas Apfelschorle*)

Marco   Was essen Sie?

Sie   <u>   </u> . (*Kuchen*)

Marco   Ich esse eine Bratwurst. Sie ist lecker. Aber ich möchte ein Bier. Wo gibt es das Bier?

Sie   <u>   </u> . (*in der Küche, im Kühlschrank*)

Marco   Wer ist das dort drüben?

Sie   <u>   </u> . (*Tante Natascha*)

Marco   Und wer ist der Mann daneben?

Sie   <u>   </u> . (*ihr Mann, Onkel Jakob*)

Marco   Trinkt Tante Natascha Wein?

Sie   <u>   </u> . (*ja*)

5 Subjekt und Objekt – Nominativ und Akkusativ

Der Onkel trink**t**.

Subjekt + Verb

Was trinkt der Onkel?

Der Onkel trink**t** **den** Wein.

Subjekt + Verb + Objekt

Der Onkel trink**t** in der Küche **den** Wein.

In der Küche trink**t** der Onkel **den** Wein.

Subjekt = Nominativ

Objekt = Akkusativ

	maskulin	neutral	feminin	Plural
Nominativ	der Onkel ein Onkel kein Onkel	das Kind ein Kind kein Kind	die Tante eine Tante keine Tante	die Eltern Eltern keine Eltern
Akkusativ	**den** Onkel **einen** Onkel **keinen** Onkel	das Kind ein Kind kein Kind	die Tante eine Tante keine Tante	die Eltern Eltern keine Eltern

maskulin = der → den | ein → einen | kein → keinen
neutral / feminin / Plural = Nominativ

15 Markieren Sie das Objekt. Übersetzen Sie.

a Anna isst heute den Kuchen. _____

b Morgen isst Alex die Bratwurst. _____

c Der Hund liebt das Kind. _____

d Den Hund liebt das Kind. _____

e Die Eltern kaufen einen Tisch. _____

f Die Großeltern kaufen Stühle. _____

16 Alles Akkusativ: Ergänzen Sie die Endungen.

Stefan hat ein_____ Hund. Sofie liebt kein_____ Hunde *(Plural)*. Sofie hat ein_____ Katze. Sofies

Katze findet d_____ Hund toll. Der Hund liebt d_____ Katze. Und Stefan? Stefan liebt Sofie. Stefan

und Sofie trinken ein_____ Bier. Sie essen ein_____ Kuchen und kein_____ Bratwurst. Stefan und

Sofie sind glücklich.

17 Nominativ und Akkusativ: Ergänzen Sie die Endungen.

a *Der* Onkel hat ein*en* Hund. *Der* Hund frisst ein*e* Bratwurst.

b D____ Tante hat ein____ Katze. D____ Katze trinkt kein____ Kaffee.

c D____ Kind hat ein____ Hund. D____ Hund liebt kein____ Kinder *(Plural)*.

d D____ Eltern *(Plural)* kaufen ein____ Haustier. D____ Haustier liebt d____ Eltern.

e D____ Haustier frisst d____ Kuchen. D____ Eltern essen kein____ Kuchen.

Lesen

Die Autorin und die Politikerin

Nilgün Tasman kommt aus Istanbul. Istanbul ist in der Türkei. Im Alter von sechs Monaten kommt Nilgün nach Deutschland. In Deutschland geht Nilgün in die Schule. Sie wird Friseurin. Dann studiert sie Psychologie.

Nilgün Tasman wohnt in Stuttgart. Sie hat einen Mann. Sie ist Autorin. Ihr Buch heißt „Ich träume deutsch". Nilgün arbeitet heute als Coachin.

Ursula von der Leyen ist Politikerin in Deutschland. Sie kommt aus Belgien. Ursula von der Leyen geht in Brüssel in die Schule. Dann studiert sie Medizin. Sie arbeitet 1988–1992 als Ärztin. 2001 wird sie Politikerin. Ursula von der Leyen spricht drei Sprachen: Deutsch, Französisch und Englisch. Ursula von der Leyen hat sieben Kinder. Ihr Mann ist Professor für Medizin. Sie wohnt mit ihren Kindern und ihrem Mann in der Nähe von Hannover in Norddeutschland.

Wortschatz

im Alter von	. . . .	at the age of
der Monat, -e	. . . .	month
die Schule, -n	. . . .	school
die Friseurin, -nen	. . . .	female hairdresser
die Autorin, -nen	. . . .	female author
träumen	. . . .	to dream
die Coachin, -nen	. . . .	female coach
die Politikerin, -nen	. . . .	female politician
die Ärztin, -nen	. . . .	female physician
in der Nähe von	. . . .	near, nearby
Norddeutschland	. . . .	northern Germany

18 Wer ist das – Nilgün Tasman (**T**) oder Ursula von der Leyen (**L**)?

a ☐ Ihr Buch heißt „Ich träume deutsch". g ☐ Sie kommt aus der Türkei.

b ☐ Ihr Mann ist Professor. h ☐ Sie spricht Deutsch, Französisch und Englisch.

c ☐ Sie hat sieben Kinder. i ☐ Sie studiert Medizin.

d ☐ Sie ist Autorin. j ☐ Sie studiert Psychologie.

e ☐ Sie ist Politikerin. k ☐ Sie wohnt in Norddeutschland.

f ☐ Sie kommt aus Belgien. l ☐ Sie wohnt in Stuttgart.

● CD 1
34

Aussprache

ei – ie

Hören Sie zu und sprechen Sie nach.

ei	ie
Wein	Bier
heißen	lieben
dein	die
sein	sie
weiß	studieren
Schweiz	hier
eins, zwei, drei	vier, sieben

● CD 1
35

19 Lesen Sie laut. Hören Sie zur Kontrolle.

Ein Bier, bitte!

Piet	Zwei Bier, bitte!
Heike	Nein, ich liebe Wein.
Piet	Fein, ein Wein und ein Bier, bitte.
Heike	Wie heißen Sie?
Piet	Ich heiße Piet. Und Sie? Wie heißen Sie?
Heike	Ich heiße Heike.

Piet	Hier sind unsere Getränke. Hier Ihr Wein und hier mein Bier.
Heike	Wie ist Ihr Bier?
Piet	Mein Bier ist gut. Ich trinke viel Bier. Trinken Sie viel Wein?
Heike	Nein, ich trinke nicht viel Wein.

Wortschatz

das Getränk, -e . . . . drink

Kapitel 4

Test

1 Was ist richtig?

a ░ Mona studiert Deutsch.
░ Deutsch Mona studiert.
░ Studiert Deutsch Mona.

b ░ Wo Sie wohnen?
░ Wohnen Sie wo?
░ Wo wohnen Sie?

c ░ Hat Marie einen Hund?
░ Marie hat einen Hund?
░ Marie einen Hund hat?

d ░ Mein Eltern haben keinen Katze.
░ Meinen Eltern haben kein Katze.
░ Meine Eltern haben keine Katze.

2 Ergänzen Sie die Possessivartikel.

dein • eure • ihre • sein

a Das ist Anna. Und das ist _____ Katze.

b Das ist Alex. Und das ist _____ Hund.

c Wie heißt du? Was ist _____ Name?

d Wo wohnt ihr? Was ist _____ Adresse?

3 Ergänzen Sie die Endungen.

a D____ Mann trinkt ein____ Wein.

b D____ Frau trinkt ein____ Apfelschorle.

c D____ Kind trinkt kein____ Bier.

d D____ Großeltern kaufen ein____ Katze.

Punkte: ____ / 12 **Prima!**

Kapitel 5

Was sind Ihre Hobbys?

In diesem Kapitel lernen Sie:

- Wortschatz: Hobbys
- Verb + *gern / sehr gern / nicht gern*
- Modalverben: *müssen, wollen, können, mögen*
- trennbare Verben
- Aussprache: *au – eu/äu*

▶ CD 1 · 36 **Dialog 1**

Mittagspause in der Kantine

Maria Müller hat Mittagspause. Sie isst mit ihren neuen Kollegen in der Kantine. Sie sprechen über ihre Hobbys.

Maria Müller	Mmh, das Schnitzel ist wirklich gut. Ich koche nicht gern; aber ich liebe gutes Essen.
Simone Bach	Sie kochen nicht gern? Ich koche sehr gern. Ich kann leckere Suppen kochen.
Orhan Arslan	Ich kann auch gut kochen. Aber mein Hobby ist Musik.
Maria Müller	Herr Arslan, Sie machen gern Musik? Spielen Sie ein Instrument?
Orhan Arslan	Ja, ich spiele Violine. Und Sie, spielen Sie ein Instrument?
Maria Müller	Nein, ich kann kein Instrument spielen. Aber mein Mann spielt Klarinette. Er macht sehr gern Musik.
Orhan Arslan	Was ist Ihr Hobby, Frau Müller?
Maria Müller	Ich mache gern Sport.
Simone Bach	Ich auch! Ich spiele gern Tennis. Spielen Sie auch Tennis, Frau Müller?
Maria Müller	Nein, ich spiele Fußball. Ich schwimme auch gern. Herr Arslan, machen Sie Sport?
Orhan Arslan	Nein, ich mag keinen Sport. Ich kann nicht schwimmen. Fußball finde ich langweilig. Aber ich lese gern.
Simone Bach	Ich liebe Kriminalromane! Wer ist Ihr Lieblingsautor, Herr Arslan?
Orhan Arslan	Mein Lieblingsautor ist Thomas Mann. Seine Bücher sind sehr gut.
Maria Müller	Meine Lieblingsautorin ist Isabel Allende. Ihre Bücher sind toll.
Simone Bach	Sie müssen die Bücher von Tom Wolfe lesen! Er schreibt historische Kriminalromane. Seine Bücher sind sehr spannend.
Maria Müller	Oh, es ist spät! Ich muss gehen. Bis nachher!
Simone Bach	Bis nachher, Frau Müller!

❶ Die Kantine

Die Kantine ist so ähnlich wie eine Cafeteria oder eine Mensa in der Universität – es gibt verschiedene Gerichte zu relativ günstigen Preisen und man isst zusammen in einem großen Speiseraum.

1 Ordnen Sie zu.

kocht • macht (2×) • spielt (3×)

a Erkin Arslan _____ gern Musik. Er _____ Violine.

b Simone Bach _____ leckere Suppen. Sie _____ gern Tennis.

c Maria Müller _____ viel Sport. Sie _____ Fußball und sie schwimmt gern.

2 Wer sagt was? Ordnen Sie zu.

gehen • kochen • lesen • schwimmen • spielen

a Simone Bach   Ich **kann** leckere Suppen _____.

b Maria Müller   Ich **kann** kein Instrument _____.

c Erkin Arslan   Ich **kann** nicht _____.

d Simone Bach   Sie **müssen** die Bücher von Tom Wolfe _____!

e Maria Müller   Ich **muss** _____.

Wortschatz

das Schnitzel, -	schnitzel	_____
Ich koche nicht gern.	I don't like to cook.	_____
nicht gern	not like	_____
das Essen, -	food	_____
Ich koche (sehr) gern.	I like to cook (a lot).	_____
sehr gern	like a lot	_____
Ich kann …	I can …	_____
können	to be able to	_____
lecker	tasty	_____
die Suppe, -n	soup	_____
das Hobby, -s	hobby	_____
Musik machen	to play music	_____
gern	like	_____
spielen	to play	_____
das Instrument, -e	instrument	_____
die Violine, -n	violin	_____
kein Instrument	no instrument	_____
kein/e	no; *also*: none	_____
die Klarinette, -n	clarinet	_____
das Tennis, -	tennis	_____
der Fußball, ä-e	football, soccer	_____
schwimmen	to swim	_____
Ich mag …	I like …	_____
mögen	to like	_____
langweilig	boring	_____

lesen	to read
der Kriminalroman, -e	crime novel
der Roman, -e	novel
der Lieblingsautor, -en	favourite male author
der Autor, -en	male author
Lieblings-	favourite
müssen	to have to
schreiben	to write
historisch	historical
spannend	exciting
spät	late
Bis nachher!	See you later!

	lesen	**können**	**mögen**	**müssen**
ich	lese	kann	mag	muss
du	liest	kannst	magst	musst
er/sie/es	liest	kann	mag	muss
wir	lesen	können	mögen	müssen
ihr	lest	könnt	mögt	müsst
sie/Sie	lesen	können	mögen	müssen

3 Und jetzt Sie! Lesen Sie gern? Wer ist Ihr Lieblingsautor / Ihre Lieblingsautorin?

☐ Ja, ich lese gern.
☐ Nein, ich lese nicht gern.

☐ Mein Lieblingsautor / meine Lieblingsautorin ist _____ .
☐ Ich habe keinen Lieblingsautor / keine Lieblingsautorin.

▶ CD1
37
Hören

Mittagspause im Restaurant

4 Anna, Claire und Boris sind im Restaurant. Sie sprechen über ihre Hobbys. Wer sagt was?
Anna (**A**), Claire (**C**) oder Boris (**B**)?

a ☐ Heute Abend läuft ein guter Film. Kommt ihr mit?

b ☐ Ich esse mein Popcorn leise.

c ☐ Ich gehe gern aus. Ich tanze gern in Clubs.

d ☐ Ich gehe in Sinfoniekonzerte oder in die Oper.

e ☐ Ich gehe ins Kino oder ins Theater.

f ☐ Ich liebe Filme. Ich gehe sehr oft ins Kino.

g ☐ Ich mag klassische Musik.

h ☐ Ich mag Rockmusik. Ich gehe gern in Konzerte.

5 Antworten Sie mit einem Satz.

a Wer isst Salat?   *Claire* _____ isst *Salat* _____.

b Wer isst Suppe? _____ isst _____.

c Wer geht ins Theater? _____ geht ins Theater .

d Wer geht in Sinfoniekonzerte? _____.

e Wer geht heute Abend ins Kino? _____, _____ und
_____ gehen heute Abend ins Kino.

f Wer isst heute Abend Popcorn? _____ isst heute Abend _____.

6 Und jetzt Sie! Wohin gehen Sie in Ihrer Freizeit?

Ich _____.

Wortschatz

Guten Appetit!	Enjoy your meal!	_____
Dein Salat sieht gut aus!	Your salad looks good.	_____
		_____
der Salat, -e	salad	_____
aus·sehen	to look, to appear	_____
schmecken	to taste	_____
in deiner Freizeit	in your freetime	_____
die Freizeit, -en	freetime	_____
ins Kino / Theater	to the cinema / theatre	_____
das Kino, -s	cinema	_____

Wortschatz

das Theater, -	theatre
Ich gehe gern aus.	I like to go out.
aus·gehen	to go out
tanzen	to dance
der Club, -s	club
die Rockmusik, -en	rock music
das Konzert, -e	concert
klassisch	classical
das Sinfoniekonzert, -e	symphony concert
die Oper, -n	opera
heute Abend	this evening
heute	today
der Abend, -e	evening
laufen	to show
	(*in a cinema*)
Kommt ihr mit?	Will you come with (me)?
mit·kommen	to come with
die Uni(versität, -en)	university
natürlich	of course, naturally
das Popcorn, -	popcorn
leise	quietly

	aus·sehen	aus·gehen	mit·kommen	laufen	tanzen
ich	sehe … aus	gehe … aus	komme … mit	laufe	tanze
du	siehst … aus	gehst … aus	kommst … mit	läufst	tanzt
er / sie / es	sieht … aus	geht … aus	kommt … mit	läuft	tanzt
wir	sehen … aus	gehen … aus	kommen … mit	laufen	tanzen
ihr	seht … aus	geht … aus	kommt … mit	lauft	tanzt
sie / Sie	sehen … aus	gehen … aus	kommen … mit	laufen	tanzen

Dialog 2

Anna	Guten Appetit!
Boris	Danke, Anna. Guten Appetit! Claire, dein Salat sieht gut aus!
Claire	Ja, mein Salat schmeckt sehr gut. Wie ist deine Suppe, Boris?
Boris	Meine Suppe ist okay. Anna, was machst du in deiner Freizeit?
Anna	In meiner Freizeit gehe ich ins Kino oder ins Theater. Und du?
Boris	Ich gehe gern aus. Ich tanze gern in Clubs und ich mag Rockmusik. Ich gehe gern in Konzerte. Und wohin gehst du gern, Claire?
Claire	Ich gehe auch gern in Konzerte. Ich mag klassische Musik. Ich gehe in Sinfoniekonzerte oder in die Oper. Anna, magst du Konzerte?

Anna	Konzerte sind okay. Ich liebe Filme. Ich gehe sehr oft ins Kino.
	Heute Abend läuft ein guter Film. Kommt ihr mit?
Boris	Wo ist das Kino?
Anna	Das Kino ist in der Nähe von der Uni.
Claire	Ich komme gern mit! Boris, willst du auch mitkommen?
Boris	Natürlich! Ich komme auch mit. Gibt es Popcorn?
Anna	Ja, Popcorn gibt es auch. Aber du musst es leise essen!
Boris	Ja, Anna, ich esse mein Popcorn leise.

Grammatik

1 Verb + *gern / sehr gern / nicht gern*

Robert liest **gern** Bücher.   Katja liest <u>**sehr gern**</u> Bücher.   Kevin liest <u>**nicht gern**</u> Bücher.

7 Was machen Sie gern (☺), sehr gern (☺) oder nicht gern (☹)?

a Ich lese _____ Bücher. ☺

b Ich koche _____ . ☹

c Ich schwimme _____ . ☺

d Ich spiele _____ Tennis. ☺

e Ich spiele _____ Fußball. ☹

f Ich gehe _____ ins Kino. ☺

g Ich gehe _____ in die Oper. ☺

h Ich tanze _____ . ☺

8 Und jetzt Sie! Antworten Sie.

a Was trinken Sie gern?   *Ich trinke gern* _____ .

b Was trinken Sie nicht gern?   _____ .

c Wohin gehen Sie gern in Ihrer Freizeit?   _____ .

d Wohin gehen Sie nicht gern in Ihrer Freizeit? _____ .

2 Modalverben

müssen	wollen	können	mögen
ich muss	ich will	ich kann	ich mag
du musst	du willst	du kannst	du magst
er/sie/es muss	er/sie/es will	er/sie/es kann	er/sie/es mag
wir müssen	wir wollen	wir können	wir mögen
ihr müsst	ihr wollt	ihr könnt	ihr mögt
sie müssen	sie wollen	sie können	sie mögen

> ❶ **Modalverb** = Position 2   *Infinitiv* = Ende

Maria Müller **muss** am Schreibtisch *arbeiten*.
Anna **will** ins Kino *gehen*.
Erkin Arslan **kann** gut Violine *spielen*.
Simone Bach **mag** Kriminalromane *lesen*.

9 Und jetzt Sie! Was *müssen, wollen, können* und *mögen* Sie?

> Fußball/Tennis/Violine spielen • Musik/Sport machen • Bücher lesen
> Apfelschorle/Wein/Bier trinken • Popcorn/Salat/Bratwurst essen • Suppe kochen •
> in Clubs tanzen • in ein Konzert/ins Kino/ins Theater gehen • viel arbeiten

a Ich muss _____ .

b Ich will _____ .

c Ich kann _____ .

d Ich mag _____ .

e Was müssen Sie heute machen? *Ich muss heute* _____

f Was wollen Sie morgen machen? _____

CD1 38 **10** Maria Müller spricht mit ihrem Mann, Markus Müller. Hören Sie zu. Ergänzen Sie die Namen.

> Orhan Arslan (2x) • Simone Bach (2x) • Maria Müller (2x) • Markus Müller (2x)

a _____ kann nicht Klarinette spielen. Aber er kann Violine spielen.

b _____ kocht gern. Sie kann leckere Suppen machen.

c _____ kocht sehr gern. Aber er kann nicht gut kochen.

d _____ liest gern Kriminalromane.

e _____ mag kochen nicht.

f _____ mag Thomas Mann. Er liest sehr gern.

g _____ und _____ müssen ins Restaurant gehen.

→ Begleitbuch, Hörtexte

3 Trennbare Verben

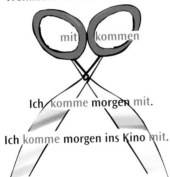

Ich komme morgen mit.

Ich komme morgen ins Kino mit.

Peter geht aus.
Peter geht heute aus.
Peter geht heute mit Freunden aus.

Peter sieht fern.
Peter sieht gern fern.
Peter sieht gern in der Mittagspause fern.

11 Antworten Sie.

a Wer geht heute Abend nicht aus?   Thomas *geht heute Abend nicht aus.*

b Wer geht heute Abend aus?   Angelika _____

c Wer sieht heute Abend nicht fern?   Angelika _____

d Wer sieht heute Abend fern?   Thomas _____

12 Formen Sie Sätze.

a mitkommen: ins Theater, ich   *Ich komme ins Theater mit.*_____

b mitkommen: in die Kantine, du   *Du kommst*_____

c ausgehen: morgen Abend, wir   _____

d fernsehen: heute Abend, ihr   _____

13 Und jetzt Sie! Antworten Sie.

a Wann gehen Sie aus? Wohin gehen Sie? Wer kommt mit?
b Wann sehen Sie fern? Wo sehen Sie fern? Was sehen Sie?

Lesen

Freizeitaktivitäten der Deutschen

Deutsche machen das einmal pro Woche oder mehr (in %):

fernsehen	97%
telefonieren	91%
Zeitungen lesen	79%
Familienaktivitäten	72%
Aktivitäten mit dem Partner	67%
ausschlafen	65%
Kaffee trinken / Kuchen essen	64%
den Computer benutzen	57%
E-Mails lesen / schreiben	52%
nichts machen	50%
im Internet surfen	48%

Kapitel 5

Wortschatz

einmal pro Woche	.... once a week	_____
oder mehr	.... or more	_____
fern·sehen	.... to watch TV	_____
telefonieren	.... to (tele)phone	_____
die Zeitung, -en	.... newspaper	_____
mit dem Partner	.... with the partner	_____
aus·schlafen	.... to sleep in	_____
benutzen	.... to use	_____
nichts	.... nothing	

14 Antworten Sie.

a Was ist die Lieblingsaktivität
der Deutschen?
b Was machen die Deutschen
nicht so gern?
c Was glauben Sie: Ist „nichts
machen" eine Freizeitaktivität?

15 Ergänzen Sie.

Die Deutschen _____ sehr gern_____ **(a)**. ____**(b)**% sehen einmal pro

Woche (oder mehr) fern. Die 2. Position hat die Aktivität _____ **(c)**. 79% lesen

gern _____ **(d)**. 65% _____ gern _____ **(e)**. ____**(f)**% surfen gern im

Internet. Mögen die Deutschen keine Computer? Was glauben Sie?

⏵ CD 1 39 **Aussprache**

au – eu / äu

Hören Sie zu und sprechen Sie nach.

au	eu / äu
aus	neu
auch	euer
die Pause	heute
die Frau	freundlich
❗ der Baum	die Bäume
❗ die Maus	die Mäuse
❗ das Haus	die Häuser

⏵ CD 1 40 **16** Welches Wort hören Sie?

a heute – Haut
b auch – euch
c kaufen – Käufer
d Freund – Frau
e treulich – traurig
f rau – Reue
g freuen – Frauen
h Leute – Laute

Kapitel 5

Test

1 Ergänzen Sie: *sehr gern* oder *nicht gern*.

a Ralf liebt Bücher. Er liest _____.

b Maria findet klassische Musik langweilig. Sie geht _____ in Sinfoniekonzerte.

c Heike findet, München ist schön und interessant. Heike wohnt _____ in München.

d Ergün mag keine Haustiere. Hunde sieht er _____.

2 Was ist richtig?

a   Mona will Deutsch studieren.
     Mona studiert Deutsch wollen.
     Mona will studiert Deutsch.

d   Wir Sport machen müssen.
     Sport müssen machen wir.
     Wir müssen Sport machen.

b   Ich könne heute nicht mitkommen.
     Ich konne heute nicht mitkommen.
     Ich kann heute nicht mitkommen.

e   Ich schlafe morgen aus.
     Ich ausschlafe morgen.
     Ich schlafe aus morgen.

c   Warum mögst du keine Hunde?
     Warum migst du keine Hunde?
     Warum magst du keine Hunde?

f   Peter im Wohnzimmer fernsieht.
     Peter fernsieht im Wohnzimmer.
     Peter sieht im Wohnzimmer fern.

Punkte: _____ / 10   **Klasse!**

Kapitel 5

Woher kommen Sie?

In diesem Kapitel lernen Sie:

- Wortschatz: Berufe, Länder und Kontinente

- Präpositionen mit *Wo? Woher? Wohin?*

- Berufe mit der Endung *-in*

- Adjektivendungen im Nominativ und im Akkusativ

- Verben mit Vokalwechsel

- Aussprache: das deutsche *r*

▶ CD 1 41 **Dialog 1**

Im Flugzeug

Anna Wagner sitzt im Flugzeug und liest ein Buch. Neben ihr sitzt ein Mann.

Flugbegleiterin	Entschuldigung, was möchten Sie trinken?
Anna	Ich möchte einen Orangensaft, bitte.
Mann	Und ich trinke einen schwarzen Tee mit Milch.
Flugbegleiterin	Bitte, hier sind Ihre Getränke.
Anna	Danke. Wann kommen wir in München an? Ist unser Flug pünktlich?
Flugbegleiterin	Ja, wir kommen pünktlich in München an.
Anna	Das ist gut. Ich habe heute noch einen Termin.
Mann	Machen Sie eine Dienstreise?
Anna	Ja, ich bin Journalistin und ich treffe heute einen neuen Mitarbeiter.
Mann	Wo arbeiten Sie?
Anna	Ich arbeite in Berlin bei einer Zeitung. Wir haben auch ein Büro in München. Und woher kommen Sie?
Mann	Ich komme aus London. Aber ich wohne in Berlin.
Anna	Was sind Sie von Beruf?
Mann	Ich arbeite als Dolmetscher.
Anna	Und wohin reisen Sie?
Mann	Ich reise nach Bad Tölz. Dort mache ich Urlaub.
Anna	Urlaub in den Bergen, das ist toll! Wandern Sie gern?
Mann	Ja, ich wandere gern und ich fahre gern Mountainbike. Aber ich möchte auch München sehen.

▶ CD 1 42 **Dialog 2**

Das Flugzeug landet und die Passagiere steigen aus. Anna und der Mann reden weiter.

Mann	Sagen Sie, wie heißen Sie eigentlich?
Anna	Ich heiße Anna Wagner. Und Sie?
Peter	Ich bin Peter Sterling. Wie lange sind Sie in München?
Anna	Ich bin drei Tage in München.
Peter	Und was machen Sie morgen Abend, Frau Wagner?
Anna	Ich habe keine Pläne für morgen Abend.
Peter	Morgen bin ich in München. Darf ich Sie zum Essen einladen?
Anna	Gern, Herr Sterling. Hier ist meine Visitenkarte. Rufen Sie mich an?
Peter	Das mache ich gern. Bis morgen, tschüss!

Kapitel 6

Kapitel 6

1 Ordnen Sie zu.

> aus • in • nach • wo • woher • wohin

a _____ arbeiten Sie? – Ich arbeite _____ Berlin.

b Und _____ kommen Sie? – Ich komme _____ London.

c _____ reisen Sie? – Ich reise _____ Bad Tölz.

2 Was ist richtig?

a Peter Sterling trinkt …
- ▢ einen Orangensaft.
- ▢ einen schwarzen Tee mit Milch.
- ▢ ein Bier.

b Anna Wagner arbeitet als …
- ▢ Managerin.
- ▢ Dolmetscherin.
- ▢ Journalistin.

c Das Flugzeug fliegt nach …
- ▢ Berlin.
- ▢ München.
- ▢ London.

d Anna Wagner arbeitet in …
- ▢ Berlin.
- ▢ München.
- ▢ London.

e Peter Sterling kommt aus …
- ▢ Berlin.
- ▢ München.
- ▢ London.

Wortschatz

die Flugbegleiterin, -nen	female flight attendant	_____
Entschuldigung.	Excuse me.	_____
Was möchten Sie …?	What would you like to …?	_____
möchten	*conditional of* mögen	_____
der Orangensaft, ä-e	orange juice	_____
der Saft, ä-e	juice	_____
bitte	please	_____
der Tee, -s	tea	_____
mit	with	_____
die Milch, -	milk	_____
danke	thanks, thank you	_____
Wann?	When?	_____
an·kommen	to arrive	_____
der Flug, ü-e	flight	_____
pünktlich	punctual, on time	_____
noch ein/e/n	another	_____
der Termin, -e	appointment	_____
die Dienstreise, -n	business trip	_____
die Journalistin, -nen	female journalist	_____
treffen	to meet	_____
der Mitarbeiter, -	male employee	_____

neu	. . . .	new	
bei	. . . .	for	
das Büro, -s	. . . .	office	
Was sind Sie von Beruf?	. . . . .	What's your job?	
der Beruf, -e	. . . .	job	
der Dolmetscher, -	. . . .	male interpreter	
reisen	. . . .	to travel	
nach	. . . .	to	
der Urlaub, -e	. . . .	holiday	
der Berg, -e	. . . .	mountain	
wandern	. . . .	to hike	
fahren	. . . .	to ride, to drive, to travel (*on wheels*)	
das Mountainbike, -s	. . . .	mountain bike	
sehen	. . . .	to see	
Wie lange?	. . . .	How long?	
der Tag, -e	. . . .	day	
der Plan, ä-e	. . . .	plan	
für	. . . .	for	
Darf ich ...?	. . . .	May I ...?	
dürfen	. . . .	to be allowed	
ein·laden	. . . .	to invite	
die Visitenkarte, -n	. . . .	business card	
an·rufen	. . . .	to call, to phone	
Bis morgen!	. . . .	Until tomorrow!	

Kapitel 6

	sehen	**ein·laden**	**fahren**
ich	sehe	lade ... ein	fahre
du	siehst	lädst ... ein	fährst
er / sie / es	sieht	lädt ... ein	fährt
wir	sehen	laden ... ein	fahren
ihr	seht	ladet ... ein	fahrt
sie / Sie	sehen	laden ... ein	fahren

3 Und jetzt Sie!

a Woher kommen Sie? – Ich komme aus _____ .

b Wo arbeiten Sie? – Ich arbeite in _____ .

c Wohin reisen Sie gern? – Ich reise gern nach _____ .

▶ CD 1 **Hören**
43

Im Restaurant

4 Anna Wagner und Peter Sterling treffen sich in einem Restaurant. Wer ist das, Anna (**A**) oder Peter (**P**)?

a ☐ trinkt Wein.

b ☐ muss morgen einen Artikel schreiben.

c ☐ geht morgen ins Deutsche Museum.

d ☐ trinkt gern Bier.

e ☐ hat keinen Mann.

f ☐ fliegt übermorgen nach Berlin.

g ☐ möchte morgen wieder mit Anna ausgehen.

5 Hören Sie genau zu. Was ist richtig?

a Wie ist **der / die / das** Wein, Frau Wagner?
b Morgen muss ich **einen neuen / ein neues / eine neue** Artikel schreiben.
c Oh, das ist **ein toller / ein tolles / eine tolle** Museum!
d Anna, sag mal, hast du in Berlin **einen / ein / eine** Mann?

Wortschatz

der Artikel, -	article
das Deutsche Museum	*museum in Munich*
der Biergarten, ä- · · · · · · · · · ·	beer garden
verheiratet	married
der Single, -s	single
übermorgen	day after tomorrow
fliegen	to fly
Das ist schade.	That's a shame.
so	so

Dialog 3

Peter	Wie ist der Wein, Frau Wagner?
Anna	Sehr gut, Herr Sterling.
Peter	Sagen wir „du"? Ich bin Peter.
Anna	Gern, Peter. Ich heiße Anna.
Peter	Anna, was machst du morgen?
Anna	Morgen muss ich einen neuen Artikel schreiben. Und dann gehe ich ins Büro. Wohin gehst du morgen?
Peter	Ich gehe morgen ins Deutsche Museum.
Anna	Oh, das ist ein tolles Museum! Was machst du morgen Abend?
Peter	Morgen Abend habe ich keine Pläne.

Kapitel 6

Anna	Dann gehen wir morgen Abend in den Biergarten. Trinkst du gern Bier?
Peter	Natürlich trinke ich gern Bier. Sag mal, hast du in Berlin einen Mann?
Anna	Nein, Peter, ich habe keinen Mann.
Peter	Oder einen Freund?
Anna	Nein. Ich bin nicht verheiratet und ich habe auch keinen Freund. Und du, Peter? Bist du verheiratet?
Peter	Nein, Anna. Ich bin Single.
Anna	Gut, dann können wir morgen wieder ausgehen.
Peter	Und übermorgen?
Anna	Übermorgen fliege ich nach Berlin.
Peter	Das ist schade. Ich sehe dich so gern.

Grammatik

1 Präpositionen mit *Wo? Woher? Wohin?*

		Städte (Berlin) Länder (Deutschland) Kontinente (Europa)	Gebäude (das Haus, das Kino) Räume (die Kantine) Länder mit Artikel (die Schweiz, die USA)
Wo?	in / im		
		in Berlin in Deutschland in Europa	im Haus im Kino in der Kantine ❗ **in der** Schweiz, **in den** USA
Wohin?	nach		in / ins
		nach Berlin nach Deutschland nach Europa	ins Haus ins Kino in die Kantine ❗ **in die** Schweiz, **in die** USA
Woher?	aus		
		aus Berlin aus Deutschland aus Europa	aus dem Haus aus dem Kino aus der Kantine ❗ **aus der** Schweiz, **aus den** USA

Wortschatz

die Stadt, ä-e	. . . .	city
das Land, ä-er	. . . .	country
der Kontinent, -e	. . . .	continent
das Gebäude, -	. . . .	building
der Raum, ä-e	. . . .	room, space

Kapitel 6

6 Was passt? Ordnen Sie zu.

> ~~aus Asien~~ • in die Schweiz • in Europa • aus Deutschland • in München
> nach Amerika • nach Linz • aus Bern • in Österreich

a Wo wohnen Sie? Wo wohnst du?	**b** Woher kommen Sie? Woher kommst du?	**c** Wohin fahren Sie? Wohin fährst du?
Ich wohne … • • •	Ich komme … • *aus Asien.* • •	Ich fahre … • • •

7 Welche Präposition: *in, nach* oder *aus*?

a Das ist Petra. Petra kommt _____ Deutschland. Jetzt wohnt Petra

_____ den USA. Im Urlaub reist Petra gern _____ Asien.

Ihr Lieblingsland ist Vietnam.

b Das ist Florian. Florian wohnt _____ Spanien.

Er arbeitet _____ Madrid als Dolmetscher.

Florian kommt _____ München. Florian mag Berge.

Im Urlaub reist er gern _____ die Schweiz.

Länder und Kontinente

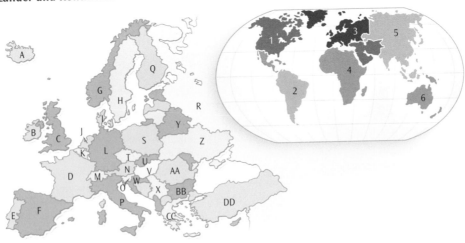

1 Nordamerika	A Island	G Norwegen	M die Schweiz	S Polen	Y Weißrussland
2 Südamerika	B Irland	H Schweden	N Österreich	T Tschechien	Z die Ukraine
3 Europa	C Großbritannien	I Dänemark	O Slowenien	U die Slowakei	AA Rumänien
4 Afrika	D Frankreich	J die Niederlande	P Italien	V Ungarn	BB Bulgarien
5 Asien	E Portugal	K Belgien	Q Finnland	W Kroatien	CC Griechenland
6 Australien	F Spanien	L Deutschland	R Russland	X Serbien	DD die Türkei

8 Und jetzt Sie! Beantworten Sie die Fragen.

> **Länder mit Artikel:** die Niederlande, die Schweiz, die Slowakei, die Türkei, die Ukraine, die USA

Wo wohnen Sie?

Kontinent: Ich wohne in _____

Land: Ich wohne in _____

Stadt: _____

Woher kommen Sie?

Kontinent: Ich komme aus _____

Land: Ich _____

Stadt: _____

Wohin reisen Sie gern?

Kontinent: Ich reise gern nach _____

Land: _____

Stadt: _____

2 Berufe mit der Endung *-in*

Viele Berufsnamen haben eine feminine Form. Um sie zu bilden, hängt man **-in** an die maskuline Form.
der Polizist → die Polizistin   der Autor → die Autorin

Manchmal ändert sich die Grundform.
der Koch → die Köchin

9 Ergänzen Sie die Tabelle.

maskulin (ein Mann)	feminin (eine Frau)	
der Anwalt	die Anwä_____	*attorney, lawyer*
	die Arbeiterin	*worker*
	die Architektin	*architect*
der Arzt	die Ärzt_____	*doctor*
der Bauer	die Bäu_____	*farmer*
der Dolmetscher		*interpreter*
	die Ingenieurin	*engineer*
der Journalist		*journalist*
der Künstler		*artist*
der Manager		*manager*
	die Musikerin	*musician*

	die Pilotin	*pilot*
	die Richterin	*judge*
	die Schauspielerin	*actor*
der Sekretär		*secretary*
der Soldat		*soldier*
der Verkäufer		*salesperson*
	die Wissenschaftlerin	*scientist*

Was sind Sie von Beruf?   Ich bin _____

Weitere Berufsbezeichnungen finden Sie in einem Wörterbuch.

3 Adjektivendungen im Nominativ: *der/die/das*

Der Mann ist *nett.*   →   **der** *nette* Mann

Die Frau ist *nett.*   →   **die** *nette* Frau

Das Kind ist *nett.*   →   **das** *nette* Kind

Die Eltern sind *nett.*   →   **die** *netten* Eltern

der/die/das/die + Adjektiv + Nomen → Endung **-e** im Singular, **-en** im Plural

10   Ergänzen Sie die Endungen.

a Das Haus ist groß. Das groß____ Haus hat einen Garten.

b Die Kinder sind lustig. Die lustig____ Kinder spielen Fußball.

c Die Katze ist schwarz. Die schwarz____ Katze läuft ins Haus.

d Der Wein ist rot. Der rot____ Wein schmeckt gut.

4 Adjektivendungen im Nominativ: *(k)ein/(k)eine*

Ein Mann ist *nett.*   →   **ein** *netter* Mann   **Kein** Mann ist *nett.*   →   **kein** *netter* Mann

Eine Frau ist *nett.*   →   **eine** *nette* Frau   **Keine** Frau ist *nett.*   →   **keine** *nette* Frau

Ein Kind ist *nett.*   →   **ein** *nettes* Kind   **Kein** Kind ist *nett.*   →   **kein** *nettes* Kind

Eltern sind *nett.*   →   *nette* Eltern   **Keine** Eltern sind *nett.*   →   **keine** *netten* Eltern

(k)ein/(k)eine + Adjektiv + Nomen → Endung **-er** (*der*)/ **-e** (*die*)/ **-es** (*das*)

❗ Plural: **keine** + Adjektiv + Nomen → Endung **-en**

11 Ergänzen Sie die Endungen.

a Das Auto fährt schnell. Ein schnell____ Auto ist praktisch.

b Der Journalist ist klug. Ein klug____ Journalist schreibt gute Artikel.

c Die Polizistin ist freundlich. Eine freundlich____ Polizistin arbeitet gern.

d Die Köche *(Plural)* sind alt. Alt____ Köche kochen gute Suppe.

5 Adjektivendungen im Akkusativ

	maskulin	neutral	feminin	Plural
Nominativ	der nette Mann ein netter Mann kein netter Mann	das nette Kind ein nettes Kind kein nettes Kind	die nette Frau eine nette Frau keine nette Frau	die netten Eltern nette Eltern keine netten Eltern
Akkusativ	den netten Mann einen netten Mann keinen netten Mann	das nette Kind ein nettes Kind kein nettes Kind	die nette Frau eine nette Frau keine nette Frau	die netten Eltern nette Eltern keine netten Eltern

→ Kap. 4, S. 46

maskulin: **den**/**(k)einen** + Adjektiv + Nomen → Endung **-en**

❗ neutral/feminin/Plural: Akkusativ = Nominativ

12 Ergänzen Sie die Endungen für die Objekte.

a Der nette Mann hat ein____ klug____ Frau.

b Die kluge Frau mag d____ nett____ Mann.

c Das kleine Kind hat groß____ Eltern.

d Die großen Eltern lieben d____ klein____ Kind.

Subjekt = Nominativ

Objekt = Akkusativ

13 Nominativ oder Akkusativ? Ergänzen Sie die Endungen.

a Ein__ intelligent____ Dolmetscher trifft eine kluge Journalistin.

b D____ klug__ Journalistin kommt aus Berlin.

c D____ intelligent__ Dolmetscher kommt aus London.

d Hat d____ klug__ Journalistin einen netten Mann?

e Nein, die kluge Journalistin hat kein____ nett____ Mann.

f D____ klug__ Journalistin mag d____ intelligent____ Dolmetscher.

6 Verben mit Vokalwechsel: e → i, a → ä

	e → i	a → ä
	essen	**schlafen**
ich	esse	schlafe
du	isst	schläfst
er / sie / es	isst	schläft
wir	essen	schlafen
ihr	esst	schlaft
sie / Sie	essen	schlafen

Er isst und isst und isst.

Verben mit e → i(e)

geben	er gibt	lesen	er liest
helfen	er hilft	sehen	er sieht
sprechen	er spricht	fern·sehen	er sieht fern

Verben mit a → ä

ein·laden	er lädt ein
fahren	er fährt
an·fangen	er fängt an
ein·schlafen	er schläft ein
laufen	er läuft

Wortschatz

schlafen	. . . .	to sleep	_____
geben	. . . .	to give	_____
helfen	. . . .	to help	_____
sprechen	. . . .	to speak	_____
an·fangen	. . . .	to begin	_____
ein·schlafen	. . . .	to fall asleep	_____
laufen	. . . .	to walk, to run	_____

14   Wie heißt der Infinitiv?

a du hilfst   – *helfen* _____

b er spricht   – _____

c wir lesen   – _____

d ich gebe   – _____

e du schläfst   – _____

f sie laden ein   – _____

g sie schläft ein   – _____

15   Ergänzen Sie die Verbform.

a Ich _____ gern Bücher. *(lesen)*

b Du _____ im Konzert _____. *(einschlafen)*

c Wohin _____ er? *(laufen)*

d Anna _____ Auto. *(fahren)*

e Das Kind _____ . *(schlafen)*

f Heute _____ wir Spaghetti. *(essen)*

g Ihr _____ jeden Tag _____ . *(fernsehen)*

h Frau Schwarz, Sie _____ sehr leise. *(sprechen)*

i Die Eltern _____ gern. *(helfen)*

Lesen

Ausländer in Deutschland

In Deutschland leben viele Menschen aus anderen Ländern. Fast sieben Millionen Ausländer leben in Deutschland. Migranten sind wichtig für die deutsche Wirtschaft. Sie arbeiten als IT-Techniker, als Ingenieure, als Krankenschwestern und als Erntehelfer. Die meisten Einwanderer kommen aus Europa: aus der Türkei, aus Polen, aus Italien und aus Griechenland. In Deutschland leben auch viele Menschen aus den USA und aus Vietnam.

Staatsangehörigkeit	Anzahl
Insgesamt	6 930 896
Europa	5 509 282
Afrika	276 070
Amerika	223 675
Asien	854 957
Australien und Ozeanien	13 077

In Deutschland gibt es viele internationale Restaurants. Berliner essen gern türkische Spezialitäten. Der *Döner* ist typisch für Berlin. Natürlich gibt es auch viele italienische, griechische und asiatische Restaurants. Und deutsche Kinder lieben amerikanisches Fast Food.

16 Beantworten Sie die Fragen.

a Wie viele Menschen aus anderen Ländern leben in Deutschland?
b Woher kommen die meisten Einwanderer?
c Wie viele Menschen aus Asien leben in Deutschland?
d Welches türkische Gericht ist typisch für Berlin?
e Was lieben deutsche Kinder?

Wortschatz

der Mensch, -en	person	_____
andere	other	_____
der Ausländer, -	foreigner	_____
fast	almost	_____
der Migrant, -en	immigrant	_____
wichtig	important	_____
die Wirtschaft, -	economy	_____
die Krankenschwester, -n	female nurse	_____
der Erntehelfer	person who helps with the harvest, harvest hand	_____

meist . . . . most	_____
der Einwanderer, - . . . . immigrant	_____
die Spezialität, -en . . . . speciality	_____
typisch . . . . typical	_____

17 Und jetzt Sie! Beantworten Sie die Fragen.

a Möchten Sie in Deutschland leben? Warum (nicht)?
b Gibt es in Deutschland viele Migranten aus Ihrem Land?
c Lieben Sie internationale Restaurants?
d Was ist Ihr Lieblingsessen? Woher kommt es?

ℹ️ **Woher kommst du?**
Deutschland besteht aus 16 verschiedenen Bundesländern. Viele Deutsche sagen oft, aus welchem Teil von Deutschland sie kommen. Sie sprechen gern miteinander über die unterschiedlichen Dialekte oder regionalen Besonderheiten.

Aussprache

▶ CD 1
44   **Das deutsche *r***

Hören Sie zu und sprechen Sie nach.

„r" + Vokal	„r" + Konsonant oder am Wortende
Schrank	Garten
sprechen	Termin
trinken	Bier
groß	dort
Warum?	Wurm
Büro	Tür

▶ CD 1
45   **18** Kreuzen Sie an.

	Vokal	Konsonant / Wortende			Vokal	Konsonant / Wortende
schreiben	*x*			Autorin		
Berlin		*x*		durch		
sprechen				Schwester		
Europa				Reise		
Frau				morgen		
arbeiten				anrufen		
Autor						

Kapitel 6

Test

1 Welche Präposition: *in, nach* oder *aus*?

Ich bin Maria. Ich komme _____ Spanien. Ich wohne jetzt _____ Österreich.

Im Urlaub reise ich _____ Asien.

2 Ergänzen Sie.

ein Mann	eine Frau
der Künstler	**a** _____
b _____	die Managerin
der Arzt	**c** _____

3 Nominativ: Ergänzen Sie die Endungen.

a Das klein____ Kind spielt.

b Die freundlich____ Eltern lesen Zeitung.

c Die nett____ Frau ist Journalistin.

d Der intelligent____ Mann isst Kuchen.

4 Akkusativ: Ergänzen Sie die Endungen.

a Die Eltern sehen d____ klein____ Kind.

b Das Kind liebt d____ freundlich____ Eltern.

c Der Dolmetscher mag d____ nett____ Frau.

d Die Frau möchte ein____ intelligent____ Mann.

5 Ergänzen Sie die Verbform.

a Martin _____ im Kino. (*schlafen*)

b Du _____ gern Schnitzel. (*essen*)

Punkte: ____/20   **Hervorragend!**

Kapitel 7 | Wann treffen wir uns?

In diesem Kapitel lernen Sie:

- ◢ Wortschatz: die Woche, das Jahr
- ◢ die Uhrzeit
- ◢ das Datum
- ◢ das Präteritum: *ich war, ich hatte*
- ◢ Aussprache: die Konsonanten *f – v – w*

▶ CD1 **Dialog 1**
46

Am Telefon

Anna Wagner ist Journalistin. Sie möchte einen
Artikel über die junge Autorin, Clara Magnus,
schreiben. Sie ruft die Autorin an.

Clara	Clara Magnus am Telefon.
Anna	Guten Tag Frau Magnus, hier ist Anna Wagner. Ich bin Journalistin für die Zeitung *Abendpost*.
Clara	Guten Tag, Frau Wagner. Wie kann ich Ihnen helfen?
Anna	Frau Magnus, ich höre, dass Sie gerade ein neues Buch schreiben?
Clara	Ja, das Buch ist fast fertig. Es soll im Herbst erscheinen.
Anna	Wie heißt es denn?
Clara	Das Buch heißt *Regen und Sonnenschein*.
Anna	Das ist ein interessanter Titel. Ist das ein Buch über das Wetter?
Clara	Nicht direkt. Es geht um einen Wetterreporter, der eine Giraffe heiratet. Aber mehr sage ich nicht.
Anna	Frau Magnus, unsere Zeitung möchte Sie gern interviewen. Haben Sie vielleicht Zeit für ein Interview?
Clara	Ich gebe Ihnen gern ein Interview. Ich muss aber meinen Kalender holen. Einen Moment, bitte. … Also Frau Wagner, nächste Woche habe ich am Mittwoch Zeit. Können Sie am Mittwoch?
Anna	Mmh … am Mittwoch habe ich morgens Zeit. Bis 12 Uhr.
Clara	Wir können uns um 10 Uhr treffen.
Anna	Das ist sehr gut. Wo können wir uns treffen?
Clara	Es gibt ein Café in der Kantianstraße. Es heißt *Immergrün*. Kennen Sie das Café?
Anna	Nein, ich kenne es nicht. Aber das ist kein Problem. Wir treffen uns also am Mittwoch um 10 Uhr im Café *Immergrün*.
Clara	Ja, in der Kantianstraße. Ich schreibe es in meinen Kalender.
Anna	Vielen Dank für den Termin, Frau Magnus.
Clara	Gern geschehen. Auf Wiederhören.
Anna	Bis Mittwoch. Auf Wiederhören.

Kapitel 7

Das ist Anna Wagners Kalender:

Woche	JANUAR						
	Montag	Dienstag	Mittwoch	Donnerstag	Freitag	Samstag	Sonntag
1	1	2	3	4	5	6	7
	18 Uhr Tennis mit Marion	8 Uhr Termin Dr. Maier	10 Uhr Interview C. Magnus	14 Uhr Essen mit Direktor Alt	20 Uhr Kino	9 Uhr Fußball	
2	8	9	10	11	12	13	14
	12 Uhr _____ _____				←		→

1 Sehen Sie den Kalender und die Woche 1 an. Antworten Sie.

a Wann geht Anna ins Kino? am ___*Freitag*___ um ___*20*___ Uhr

b Wann hat Anna das Interview mit Frau Magnus? am _____ um _____ Uhr

c Wann spielt Anna mit Marion Tennis? am _____ um _____ Uhr

d Wann spielt Anna Fußball? am _____ um _____ Uhr

e Wann hat Anna einen Termin beim Arzt Dr. Maier? am _____ um _____ Uhr

f Wann geht Anna mit Direktor Alt essen? am _____ um _____ Uhr

g Wann hat Anna keinen Termin? am _____

2 Schreiben Sie Annas Termine für Woche 2 in den Kalender.

Am 8. Januar spielt Anna um 12 Uhr Squash mit Martin.
Am 9. Januar geht Anna um 19 Uhr ins Theater.
Am 10. Januar hat Anna keine Termine.
Am 11. Januar geht Anna um 11 Uhr ins Café.
Vom 12. bis zum 14. Januar macht Anna eine Dienstreise nach München.

Wortschatz

am Telefon	. . . . here *(on the phone)*, speaking	_____ _____
das Telefon, -e	. . . . telephone	_____
Wie kann ich Ihnen helfen?	How can I help you?	_____
hören	. . . . to hear	_____
dass	. . . . that	_____
gerade	. . . . at the moment	_____
fertig	. . . . finished	_____
sollen	. . . . to be supposed to	_____
erscheinen	. . . . to appear	_____
denn	. . . . then *(used for emphasis)*	_____

der Regen, -	rain	_____
der Sonnenschein, -	sunshine	_____
der Titel, -	title	_____
über	about	_____
das Wetter, -	weather	_____
direkt	directly	_____
der Wetterreporter, -	weather reporter	_____
die Giraffe, -n	giraffe	_____
heiraten	to marry	_____
mehr	more	_____
interviewen	to interview	_____
vielleicht	perhaps, maybe	_____
die Zeit, -en	time	_____
das Interview, -s	interview	_____
der Kalender, -	calendar, diary	_____
holen	to fetch	_____
der Moment, -e	moment	_____
nächste	next	_____
die Woche, -n	week	_____
am (an dem)	on (the)	_____
Mittwoch	Wednesday	_____
morgens	in the morning	_____
um	at (*time*)	_____
die Uhr, -en	clock	_____
kennen	to know	_____
das Problem, -e	problem	_____
Gern geschehen.	You're welcome.	_____
Auf Wiederhören.	Goodbye. (*on telephone*)	_____
bis	until	_____
der Arzt, Ä-e	doctor	_____
der Direktor, -en	director, manager	

Kapitel 7

CD 1 47 **Hören**

Am Handy

3 Matthias läuft im Regen zur Bushaltestelle. Er ruft seinen Freund Jan an. Ergänzen Sie.

> 20 • Kino • Kollegin • Melanie • Regen • Tennis

a Jan und Matthias können heute Abend nicht _____ spielen.

b Das Wetter ist schlecht, _____ und Wind.

c Jan und Matthias gehen heute Abend ins _____.

d Der Film fängt um _____ Uhr an.

e Jan möchte eine _____ einladen.

f Die Kollegin heißt _____.

4 Was denken Sie?

a Was ist gutes Wetter? Was ist schlechtes Wetter?

b Spielen Sie gern Tennis?

c Gehen Sie gern ins Kino? Welche Filme sehen Sie gern?

Wortschatz

Was ist los?	. . . . What's up?	
schlecht	. . . . bad	
der Wind, -e	. . . . wind	
Wie bitte?	. . . . Sorry?	
aus·gehen	. . . . to go out	

Dialog 2

Jan	Hallo Matthias, was ist los?
Matthias	Hallo Jan! Wir können heute Abend nicht Tennis spielen.
Jan	Was? Warum denn nicht?
Matthias	Das Wetter ist schlecht, Regen und Wind.
Jan	Oh nein. Bei Regen können wir nicht Tennis spielen. Das ist schade!
Matthias	Möchtest du ins Kino gehen?
Jan	Ja, gern! Was kommt heute Abend im Kino?
Matthias	Heute Abend kommt der neue Film von Steven Spielberg. Willst du den Film sehen?
Jan	Ja, ich mag Steven Spielberg. Wann fängt der Film an?
Matthias	Der Film fängt um 20 Uhr an.
Jan	Wie bitte? Wann fängt er an?
Matthias	Um 20 Uhr.
Jan	Das ist gut. Darf ich eine Kollegin einladen?
Matthias	Wie heißt sie?
Jan	Sie heißt Melanie.
Matthias	Geht sie gern aus?
Jan	Ja, natürlich geht sie gern aus.
Matthias	Super, dann kannst du Melanie einladen. Bis nachher!
Jan	Bis nachher!

Grammatik

1 Das Jahr

Das Jahr hat vier Jahreszeiten.

der Frühling   der Sommer   der Herbst   der Winter

Ein Jahr hat 12 Monate.

Die Monate heißen:

der Januar	der Juli
der Februar	der August
der März	der September
der April	der Oktober
der Mai	der November
der Juni	der Dezember

Im Januar ist Winter. **Im** Juli ist Sommer.

2 Die Woche

Eine Woche hat sieben Tage.

Die Tage heißen: Montag | Dienstag | Mittwoch | Donnerstag | Freitag | Samstag | Sonntag

Am Montag fängt die Woche an. **Am** Samstag und **am** Sonntag ist das Wochenende.

▶ CD 1
48
Hören

Was war gestern Abend?

5 Es ist 10 Uhr morgens. Matthias schläft noch. Sein Freund Jan ruft ihn an. Antworten Sie.

a Wo waren Melanie und Matthias um 20 Uhr?   Sie waren im _____.

b Wo waren Melanie und Matthias um 22 Uhr?   Sie waren im _____.

c Wo waren Melanie und Matthias nach 23 Uhr?   Sie waren in einer _____.

d Wo waren Melanie und Matthias nach 24 Uhr (Mitternacht)? Sie waren in einem _____.

e Wo waren Melanie und Matthias nach 2 Uhr?   Sie waren im _____.

f Wo war Matthias um 4 Uhr?   Er war zu _____.

6 Ergänzen Sie.

war (2x) • waren • warst • wart

a Ich _____ erst um 4 Uhr zu Hause.   **d** Wir _____ bis 23 Uhr im Restaurant.

b Wo _____ du gestern Nacht?   **e** Und wo _____ ihr dann?

c Melanie _____ so lustig!

Wortschatz

noch . . . . still   _____

Wie spät ist es? . . . . What's the time?,   _____

          What time is it?   _____

schon . . . . already   _____

erst . . . . first   _____

wieder . . . . again   _____

waren	....	*simple past of* sein	_____
gestern	....	yesterday	_____
die Nacht, ä-e	....	night	_____
wissen (weiß)	....	to know (*facts*)	_____
richtig	....	right	_____
danach	....	afterwards	_____
hatten	....	*simple past of* haben	_____
die Bar, -s	....	bar	_____
Durst haben	....	to be thirsty	_____
die Mitternacht, ä-e	....	midnight	_____
der Club, -s	....	club	_____
der Park, -s	....	park	_____

	waren
ich	war
du	warst
er / sie / es	war
wir	waren
ihr	wart
sie / Sie	waren

Dialog 3

Matthias	Hallo, wer ist da?
Jan	Guten Morgen, Matthias. Hier ist Jan. Schläfst du noch?
Matthias	Ja, natürlich schlafe ich noch. Wie spät ist es?
Jan	Es ist schon 10 Uhr!
Matthias	Jan, ich war erst um 4 Uhr zu Hause.
Jan	Um 4 Uhr? Wo warst du gestern Nacht?
Matthias	Mmh … ich war im Kino.
Jan	Das weiß ich, ich war auch im Kino! Das war um 20 Uhr.
Matthias	Richtig, und danach waren Melanie und ich im Restaurant.
Jan	Ihr wart um 22 Uhr im Restaurant?
Matthias	Ja, wir hatten Hunger. Wir waren bis 23 Uhr im Restaurant.
Jan	Und danach?
Matthias	Danach waren wir in einer Bar.
Jan	Warum wart ihr in der Bar?
Matthias	Jan, wir hatten Durst. Wir waren bis Mitternacht in der Bar.
Jan	Gut, und danach? Wo wart ihr nach 24 Uhr?
Matthias	Danach waren wir in einem Club.
Jan	Warum wart ihr um Mitternacht in einem Club?
Matthias	Wir waren tanzen. Melanie war so lustig!
Jan	Du warst bis 4 Uhr tanzen? Mit Melanie?
Matthias	Nein, nicht bis 4 Uhr. Wir waren bis 2 Uhr tanzen.

Jan	Und wo wart ihr danach?
Matthias	Danach waren wir im Park.
Jan	Melanie war auch im Park?
Matthias	Ja, sie war auch im Park. Ich mag Melanie. Du hast eine sehr nette Kollegin. Heute Abend gehen Melanie und ich wieder aus.
Jan	Darf ich mitkommen?
Matthias	Nein, Jan, du darfst nicht mitkommen. Aber möchtest du morgen Tennis spielen?

3 Die Uhrzeit

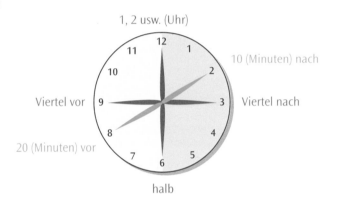

Wie spät ist es? / Wie viel Uhr ist es?
Es ist 10 Uhr (morgens / abends). / Es ist halb eins (nachmittags / nachts). / Es ist Viertel nach / vor 6. /
Es ist Mittag / Mitternacht.

Wann fängt das Konzert an? / Um wie viel Uhr ist das Konzert?
Das Konzert fängt um 6 (Uhr) an. / Das Konzert ist um 20 Uhr.

Wortschatz

morgens	in the morning (a.m.)	_____
nachmittags	in the afternoon (p.m.)	_____
abends	in the evening (p.m.)	_____
nachts	at night (a.m./p.m.)	_____
der Mittag, -e	midday	_____

❗	12.30 Uhr = Es ist halb 1.	*oder*	Es ist 12 Uhr 30.
	13.45 Uhr = Es ist Viertel vor 2.	*oder*	Es ist 13 Uhr 45.
	21.15 Uhr = Es ist Viertel nach 9.	*oder*	Es ist 21 Uhr 15.

Kapitel 7

7 Wie spät ist es? Wie viel Uhr ist es? Ergänzen Sie.

a Es ist _____ .

d _____

b _____

e 15:10 _____

c 12:15 _____

f 23:20 _____

L·E·X Fernsehen		
VORMITTAGS	NACHMITTAGS	ABENDPROGRAMM
5:30 Morgenmagazin	12:15 LEX-Brunch	20:15 Der Blumenstrauß
9:00 Nachrichten	13:00 Mittagsjournal	*Komödie*
9:15 Elefant, Tiger & Co.	14:00 Nachrichten	21:45 Tante Hilde und der
9:55 Wetterbericht	14:10 Gelbe Tulpen	Termin
10:10 Aktuell Magazin	15:10 Freunde für immer	FILM *Komödie von 1993*
10:20 Schwester Sabrina	16:10 Elefant, Tiger & Co.	23:10 Nachrichten
FILM *Komödie von 1956*	17:00 Nachrichten	23:25 Haifische in der Spree
12:00 Nachrichten	17:55 Liebe ohne Grenzen	*Krimi*
	19:20 Quiz mit Eric Tathkraft	
	19:50 Wetterbericht	
	19:55 Börse bei LEX	
	20:00 Nachrichten	

8 Wann? Um wie viel Uhr? Ergänzen Sie.

a Was kommt um halb 6 morgens? – Um halb 6 kommt das *Morgenmagazin* _____ .

b Was fängt um 10 Uhr 20 an? – Um 10 Uhr 20 fängt der Film _____

_____ an.

c Wann fängt *Gelbe Tulpen* an? – *Gelbe Tulpen* fängt um _____ an.

d Wann kommt die Seifenoper *Liebe ohne Grenzen*? – *Liebe ohne Grenzen* kommt um

_____ .

e Welche Komödie kommt abends um Viertel vor 10? – Der Film _____

_____ kommt um Viertel vor 10.

f Wann fängt der Krimi *Haifische in der Spree* an? – Der Krimi fängt um _____ an.

g Wann kommt der *Wetterbericht*? – Der Wetterbericht kommt um _____

Wortschatz

die Nachrichten (*Pl.*)	.... news	_____
der Wetterbericht, -e	.... weather report	_____
aktuell	.... current	_____
die Komödie, -n	.... comedy	_____
die Tulpe, -n	.... tulip	_____
ohne	.... without	_____
die Grenze, -n	.... border	_____
die Börse, -n	.... stock exchange	_____
der Blumenstrauß, ä-e	...... bouquet	_____
der Haifisch, -e	.... shark	_____

ⓘ Fernsehen und Radio

Es gibt zwei Arten von Fernseh- und Radiosendern in Deutschland: die staatlichen und die privaten Programme. Die wichtigsten staatlichen Fernsehsender sind *ARD* und *ZDF*; die bekanntesten privaten Sender sind *RTL*, *Sat 1* und *Pro 7*. Es gibt viele Radiosender, da jede Region ihre eigenen Sender hat. In ganz Deutschland bedeutend sind allerdings *Deutschlandradio* und *Deutsche Welle*.

4 Das Präteritum: *sein, haben*

Das Präteritum ist die einfache Vergangenheitsform.

	Präsens	Präteritum		Präsens	Präteritum
	sein			**haben**	
ich	bin	war	ich	habe	hatte
du	bist	warst	du	hast	hattest
er / sie / es	ist	war	er / sie / es	hat	hatte
wir	sind	waren	wir	haben	hatten
ihr	seid	wart	ihr	habt	hattet
sie / Sie	sind	waren	sie / Sie	haben	hatten
Heute ist Montag. Ich bin im Büro. **Gestern** war Sonntag. Ich war im Park.			**Heute** habe ich keine Zeit. Ich habe Arbeit. **Gestern** hatte ich viel Zeit. Ich hatte keine Arbeit.		

9 Ergänzen Sie die Verben.

a

> war (3x) • waren (2x) • warst

Markus sagt: Ich _____ gestern in einem türkischen Restaurant. Meine Freunde Olaf und

Michael _____ auch dort. Das Restaurant _____ sehr gut. Das Essen _____ lecker.

Danach _____ wir in einer Bar. _____ du auch schon einmal in einem türkischen

Restaurant?

b

hatte (2x) • hatten (2x) • hattest

Karla sagt: Gestern _____ ich ein Meeting. Meine Kollegen _____ Stress. Unser Manager

_____ einen Termin. Wir _____ keine Zeit. _____ du gestern auch Stress?

10 Und jetzt Sie!

a Wo waren Sie am Montag?
b Hatten Sie am Dienstag einen Termin?
c Waren Sie am Mittwoch in einem Restaurant?
d Hatten Sie am Donnerstag ein Meeting?
e Waren Sie am Freitag in einer Bar?
f Wann waren Sie am Samstag zu Hause?
g Hatten Sie am Sonntag frei?

5 Das Datum

Heute ist …					
1.	**der** erste Mai				
2.	**der** zweite Mai	12.	**der** zwölfte Mai	22.	**der** zweiundzwanzigste Mai
3.	**der** dritte Mai	13.	**der** dreizehnte Mai	23.	**der** dreiundzwanzigste Mai
4.	**der** vierte Mai	14.	**der** vierzehnte Mai	24.	**der** vierundzwanzigste Mai
5.	**der** fünfte Mai	15.	**der** fünfzehnte Mai	25.	**der** fünfundzwanzigste Mai
6.	**der** sechste Mai	16.	**der** sechzehnte Mai	26.	**der** sechsundzwanzigste Mai
7.	**der** siebte Mai	17.	**der** siebzehnte Mai	27.	**der** siebenundzwanzigste Mai
8.	**der** achte Mai	18.	**der** achtzehnte Mai	28.	**der** achtundzwanzigste Mai
9.	**der** neunte Mai	19.	**der** neunzehnte Mai	29.	**der** neunundzwanzigste Mai
10.	**der** zehnte Mai	20.	**der** zwanzigste Mai	30.	**der** dreißigste Mai
11.	**der** elfte Mai	21.	**der** einundzwanzigste Mai	31.	**der** einunddreißigste Mai

Welches Datum ist heute? – Heute ist **der** dreizehnte Oktober. (der 13.10.)
Wann treffen wir uns? – Wir treffen uns **am** zweiundzwanzigsten Dezember. (am 22.12.)
Wann läuft der Film im Kino? – Der Film läuft **am** dritten Juni im Kino. (am 03.06.)

> ❗ Ordnungszahlen werden immer mit Punkt geschrieben:
> Heute ist der **4.** März. = Heute ist der vierte März.
> Das Kind ist in der **1.** Klasse. = Das Kind ist in der ersten Klasse.

11 Antworten Sie.

a Heute ist der elfte Januar. Welches Datum ist morgen?

Morgen ist der _____ Januar.

b Heute ist der dritte März. Welches Datum war gestern?

Gestern war der _____

c Gestern war der fünfundzwanzigste April. Welches Datum ist heute?

Heute _____

d Gestern war der neunundzwanzigste Juli. Welches Datum ist morgen?

_____

e Morgen ist der erste September. Welches Datum war gestern?

_____

12 Und jetzt Sie!

a Welche Jahreszeit ist heute?   **d** Welches Datum ist heute?
b Welcher Monat ist heute?   **e** Wie spät ist es?
c Welcher Wochentag ist heute?

▶ CD 1
49   **13** Hören Sie zu. Sie möchten ins Kino gehen. Sie laden eine Freundin ein. Die Freundin stellt
       Fragen. Antworten Sie. Hören Sie anschließend die richtige Antwort.

Sie   **a** Möchtest _____? *(ins Kino gehen)*
Freundin   Ja, gern. Wann möchtest du ins Kino gehen?

Sie   **b** _____ *(Dienstagabend)*
Freundin   Welches Datum ist Dienstag?

Sie   **c** _____ *(17.3.)*
Freundin   Schade, ich kann nicht. Am Mittwoch habe ich Zeit.

Sie   **d** Super. _____ *(auch Zeit, Mittwoch)*
Freundin   Gut. Wann fängt der Film an?

Sie   **e** _____ *(um 19:30)*
Freundin   Perfekt. Bis dann!
Sie   Bis dann!

Lesen

Krimis in Deutschland

Deutsche lieben Krimis. Krimis sind Bücher oder
Filme über Polizisten oder Detektive. Im deutschen
Fernsehen gibt es auch viele Krimis. Es gibt die
Fernsehserien *Polizeiruf 110*, *Ein starkes Team*,
Nachtschicht, *Das Duo* usw.

Der Lieblingskrimi der Deutschen heißt *Tatort*. Der
Tatort spielt in fast 20 deutschen Städten. In jeder
Stadt gibt es ein *Tatort*-Team. Auch in der Schweiz und in Österreich gibt es *Tatort*-Kommissare.
Sie sind in Deutschland Stars. Eines ist für viele Deutsche klar: Sonntagabend um 20:15 ist
*Tatort*zeit!

Kapitel 7

Wortschatz

der Krimi, -s	crime story, detective story	_____
der Polizist, -en	police officer	_____
die Fernsehserie, -n	TV series	_____
die Stadt, ä-e	city	_____
der Kommissar, -e	superintendent	_____
klar	clear	_____

14 Richtig (**R**) oder falsch (**F**)?

a ☐ Deutsche lesen gern Krimis.

b ☐ Der Lieblingskrimi der Deutschen heißt *Polizeiruf 110*.

c ☐ Den *Tatort* kann man jeden Sonntag in der Zeitung lesen.

d ☐ Der *Tatort* beginnt um 20:15 Uhr.

e ☐ *Tatort*-Kommissare gibt es in Deutschland, in Österreich und in der Schweiz.

15 Antworten Sie.

a Lesen Sie gern Krimis? Sehen Sie gern Krimis im Fernsehen?
b Welche Krimiautoren kennen Sie? Haben Sie einen Lieblingsdetektiv?
c Was lesen Sie gern? Welche Fernsehserien sehen Sie gern?

▶ CD 1
50

Aussprache

Die Konsonanten *f – v – w*

Hören Sie zu und sprechen Sie nach.

f	v	w
Familie	Vater	wir waren
fünf	vier	zwölf
Film	viel	wirklich
Kaffee	verheiratet	Wetter
Folge	voll	Woche

❶ Violine
❶ Visitenkarte

▶ CD 1
51

16 Hören Sie zu. Ergänzen Sie: *f* oder *w*?

a An__alt

b __enster

c schla__en

d Sch__ester

e __ind

f Beru__

g __ohnung

h Sch__eiz

i sch__immen

j kau__en

k Brat__urst

l __örterbuch

m So__a

n __lug

o __ahren

p Mitt__och

q __eiß__ein

r __oche

Test

1 Das ist Karls Kalender. Was ist richtig?

AUGUST							
Woche	**MO**	**DI**	**MI**	**DO**	**FR**	**SA**	**SO**
3	13	14	15	16	17	18	19
	10:30 Uhr Café Rosa (Frau Jung)	19:15 Uhr Salsa-Kurs		12:45 Uhr Essen mit Mitar-beitern	20:00 Uhr Party bei Martin	9:30 Uhr Tennis mit Sabine	15 Uhr schwimmen

a Karl geht **im / am / um** Sonntag schwimmen.

b Er trifft Frau Jung um halb **neun / zehn / elf** im Café Rosa.

c Um Viertel **vor / zwischen / nach** eins geht Karl am Donnerstag essen.

d Die Party bei Martin beginnt um **7 / 8 / 9** Uhr abends.

e Tennis mit Sabine ist am **achtzehnte / achtzehnste / achtzehnten** August.

f Die Jahreszeit ist **Frühling / Sommer / Winter**.

g Es ist die **erste / zweite / dritte** Woche im August.

h Karl geht um 3 Uhr **morgens / nachmittags / abends** schwimmen.

2 Ergänzen Sie.

war • war • waren • waren • warst • wart

a Karl, wo _____ du gestern?

b Ich _____ im Kino.

c Wir _____ gestern im Theater.

d Es _____ sehr interessant.

e Wo _____ ihr nach dem Theater?

f Ben und Anita _____ in einer Bar.

3 Ergänzen Sie Formen von *haben* im Präteritum.

a Ich _____ gestern einen Termin.

b Du _____ gestern keinen Termin.

c Er _____ gestern Hunger.

d Wir _____ gestern schlechtes Wetter.

e Ihr _____ gestern keine Zeit.

f Die Kinder _____ gestern ein Fuß-ballspiel.

Punkte: _____ / 20 **Ausgezeichnet!**

Kapitel 7

Was haben Sie gekauft?

In diesem Kapitel lernen Sie:

- ◢ Wortschatz: Kleidung, Einkaufen
- ◢ das Perfekt: Bildung, Satzstellung, Partizip Perfekt
- ◢ *Wer? Wen? Was?*
- ◢ Personalpronomen im Akkusativ
- ◢ Aussprache: die Konsonanten *p – b, t – d, k – g*

CD1 52 **Dialog 1**

Was habt ihr gestern Abend gemacht?

Sabine und Katja sind Arbeitskolleginnen. Sie
kennen sich gut. Sabine fragt, was Katja und
ihr Mann gestern Abend gemacht haben.

Sabine	Hallo Katja, wie geht's?
Katja	Hallo Sabine. Ich habe Kopfschmerzen.
Sabine	Kopfschmerzen? Du siehst müde aus. Was habt ihr denn gestern Abend gemacht?
Katja	Wir waren im Ballett.
Sabine	Was habt ihr gesehen?
Katja	Wir haben *Romeo und Julia* gesehen. Es war großartig! Die Tänzer waren ausgezeichnet. Und die Kostüme waren fantastisch!
Sabine	Wie hat Julia ausgesehen?
Katja	Julia hat ein weißes Kleid getragen. Es war sehr klassisch.
Sabine	Und Romeo? Was hat Romeo getragen?
Katja	Romeo hat ein schwarzes Hemd und eine weiße Hose getragen. Er hat elegant ausgesehen.
Sabine	Und warum hast du Kopfschmerzen?
Katja	Danach haben wir beim Italiener gegessen.
Sabine	Was hast du gegessen?
Katja	Ich habe mein Lieblingsessen gegessen, Spaghetti mit Tomatensoße. Und jetzt hat meine schöne gelbe Bluse einen roten Fleck. Ich habe die Bluse gerade erst gekauft.
Sabine	Oh nein, die Bluse, die wir am Wochenende gekauft haben?
Katja	Ja, sie hat jetzt einen Fleck.
Sabine	Und was hast du zu den Spaghetti getrunken?
Katja	Das ist das Problem: Ich habe zu viel Wein getrunken.
Sabine	Hier ist eine Tablette gegen die Kopfschmerzen. Und morgen gehen wir eine neue Bluse kaufen.
Katja	Danke, Sabine.

1 Antworten Sie.

> am Wochenende • gestern Abend • heute • morgen

a Wann hat Katja die Bluse gekauft? _____

b Wann war Katja im Ballett? _____

c Wann hat Katja Kopfschmerzen? _____

d Wann will Katja eine neue Bluse kaufen? _____

Kapitel 8

2 Ergänzen Sie.

> ausgesehen • gegessen • gekauft • gemacht • gesehen • getragen • getrunken

a Was habt ihr denn gestern Abend _____?

b Wir haben *Romeo und Julia* _____.

c Romeo hat ein schwarzes Hemd und eine weiße Hose _____.

d Er hat elegant _____.

e Ich habe mein Lieblingsessen _____.

f Ich habe die Bluse gerade erst _____.

g Und was hast du zu den Spaghetti _____?

3 Und jetzt Sie! Antworten Sie.

a Was haben Sie gestern Abend gegessen?

Ich habe _____ gegessen.

b Was haben Sie dazu getrunken?

Ich habe dazu _____ getrunken.

c Was haben Sie am Wochenende gekauft?

Ich habe am Wochenende _____ gekauft.

Wortschatz

die Kopfschmerzen (*Pl.*)	headache	_____
die Schmerzen (*Pl.*)	pain	_____
müde	tired	_____
gemacht	*past participle of* machen	_____
das Ballett, -e	ballet	_____
gesehen	*past participle of* sehen	_____
großartig	fantastic	_____
der Tänzer, ä-	male dancer	_____
ausgezeichnet	excellent	_____
das Kostüm, -e	costume	_____
fantastisch	fantastic	_____
ausgesehen	*past participle of* aussehen	_____
das Kleid, -er	dress	_____
getragen	*past participle of* tragen	_____
tragen	to wear	_____
das Hemd, -en	shirt	_____
die Hose, -n	trousers, pants	_____
elegant	elegant	_____
der Italiener, -	(*here*) Italian restaurant	_____

gegessen	*past participle of* essen	_____
die Tomatensoße, -n	tomato sauce	_____
die Bluse, -n	blouse	_____
der Fleck, -en	spot, mark	_____
gerade erst	only just	_____
gekauft	*past participle of* kaufen	_____
kaufen	to buy	_____
getrunken	*past participle of* trinken	_____
zu	too	_____
die Tablette, -n	tablet	_____
gegen	for	_____

CD 1
53

Hören

Im Kaufhaus

Katja und Sabine sind im Kaufhaus. Katja kann Sabine nicht sehen.

    das Kleid   der Rock   die Schuhe   der Mantel

4 Kreuzen Sie an.

	Katja	**Sabine**
a Wen hat Katja gesucht?	▨	▨
b Wen hat Sabine gesucht?	▨	▨
c Wer hat eine Bluse gekauft?	▨	▨
d Wer hat einen Rock anprobiert?	▨	▨
e Wer braucht Schuhe?	▨	▨
f Wer findet das Kleid zu teuer?	▨	▨

5 Was kauft Katja? Ergänzen Sie *ein / eine / einen* oder *kein / keine / keinen*.

> ❶ Akkusativ-Maskulin: **der / ein / kein** → **den / einen / keinen**

a Katja kauft _____ Bluse. *(feminin)*

b Katja kauft _____ Rock. *(maskulin)*

c Katja kauft _____ Kleid. *(neutral)*

d Katja kauft _____ Schuhe. *(Plural)*

Kapitel 8

6 Hören Sie genau zu. Ergänzen Sie die Pronomen im Akkusativ.

dich • es • ihn • mich • sie • sie

a Hallo Katja, wo warst du denn? Ich habe _____ gesucht.

b Du hast _____ gesucht? Entschuldigung. Ich habe eine Bluse anprobiert.

c Und, hat die Bluse gepasst? – Ja, ich habe _____ gekauft.

d Der weiße Rock? Ich finde _____ sehr elegant.

e Dort drüben sind die Schuhe. Siehst du _____?

f Sabine, das Kleid ist super. Aber ich finde _____ zu teuer.

Wortschatz

Wen?	Who?, Whom?
der Mantel, ä-	coat
gesucht	*past participle of* suchen
anprobiert	*past participle of* anprobieren
an·probieren	to try on
gepasst	*past participle of* passen
passen	to suit, to fit
der Rock, ö-e	skirt
die Schuhe (*Pl.*)	shoes
teuer	expensive
brauchen	to need

Dialog 2

Verkäuferin	Kann ich helfen?
Katja	Danke, ich suche meine Freundin.
Verkäuferin	Wen suchen Sie?
Katja	Meine Freundin Sabine. Sie trägt einen grünen Mantel.
Verkäuferin	Dort drüben ist eine Frau, die einen grünen Mantel trägt. Ist das Ihre Freundin?
Katja	Ja, vielen Dank. … Hallo, Sabine!
Sabine	Hallo Katja, wo warst du denn? Ich habe dich gesucht.
Katja	Du hast mich gesucht? Entschuldigung. Ich habe eine Bluse anprobiert.
Sabine	Und, hat die Bluse gepasst?
Katja	Ja, ich habe sie gekauft. Sabine, wie findest du diesen Rock?
Sabine	Diesen weißen Rock? Ich finde ihn sehr elegant. Hast du ihn anprobiert?
Katja	Ja, er sieht toll aus.
Sabine	Dann musst du ihn kaufen.
Katja	Was brauchst du, Sabine?
Sabine	Ich brauche neue Schuhe. Wo gibt es Schuhe?
Katja	Dort drüben sind die Schuhe. Siehst du sie?
Sabine	Oh Katja, das ist ein tolles Kleid!
Katja	Sabine, das Kleid ist super. Aber ich finde es zu teuer. Du brauchst kein Kleid, du brauchst Schuhe.

Kleidung

der Anzug, ü-e

die Bluse, -n

die Stiefel (*Pl.*)

die Shorts (*Pl.*)

die Turnschuhe (*Pl.*)

die Handschuhe (*Pl.*)

das Hemd, -en

die Socken (*Pl.*)

der Schal, -s

die Jeans, -

die Schuhe (*Pl.*)

das T-Shirt, -s

der Hut, ü-e

die Jacke, -n

der Mantel, ä-

das Kleid, -er

der Pullover, -

der Rock, ö-e

die Hose, -n

ⓘ Einkaufen

In Deutschland haben Geschäfte und Einkaufszentren von Montag bis Samstag geöffnet.
Die Hauptöffnungszeiten sind in der Regel 10 bis 18 oder 20 Uhr. Manche Bäcker öffnen aber
auch sonntags, um frische Brötchen und Brot zu verkaufen. Auch in Bahnhöfen haben die
Geschäfte oft am Sonntag geöffnet.

Kapitel 8

Grammatik

1 Das Perfekt: Bildung

Das Perfekt ist eine zweite Vergangenheitsform.

	haben	+	**Partizip Perfekt**
ich	habe		
du	hast		
er / sie / es	hat		gearbeitet / gemacht / ausgesehen / gegessen / anprobiert usw.
wir	haben		
ihr	habt		
sie / Sie	haben		

7 Ergänzen Sie die Formen von *haben*.

a Gestern war ich im Kino. Ich _____ einen Film gesehen.

b Was _____ du gestern gemacht?

c Dirk war gestern im Kaufhaus. Er _____ eine Hose gekauft.

d Nora war im Kino. Sie _____ einen Film gesehen.

e Wir waren im Restaurant. Wir _____ Schnitzel gegessen.

f Was _____ ihr gestern gegessen?

g Meine Eltern waren zu Hause. Sie _____ ein Buch gelesen.

2 Das Perfekt: Satzstellung

Position 2			Ende **Partizip Perfekt**
Was	hast	du gestern	gemacht?
Ich	habe	zehn Stunden	gearbeitet.
Dann	habe	ich ein Brot	gegessen.
	Hast	du auch Tennis	gespielt?

8 Antworten Sie. Formen Sie Sätze.

> ~~ein Buch~~ • einen Film • ins Kino • eine Suppe • einen Wein

a Was haben Sie gestern gelesen?   *Ich habe ein Buch gelesen.* _____

b Was haben Sie gestern gegessen?   _____

c Was haben Sie gestern getrunken?   _____

d Wohin sind Sie gestern gegangen?   _____

e Was haben Sie gestern gesehen?   _____

3 Das Perfekt: Partizip Perfekt

A „normale" Verben

		ge+_____+t	
kaufen	→	ge**kauf**t	Katja hat die Bluse gekauft.
machen	→	ge**mach**t	Was hast du gestern gemacht?
kochen	→	ge**koch**t	Tom hat gestern Suppe gekocht.

B trennbare Verben

		_____ge+_____+t	
ein**kauf**en	→	ein**ge**kauft	Katja und Sabine haben eingekauft.
auf**mach**en	→	auf**ge**macht	Es war warm. Ich habe das Fenster aufgemacht.
über**koch**en	→	über**ge**kocht	Die Suppe ist übergekocht.

C untrennbare Verben

		_____+t	
ver**kauf**en	→	ver**kauf**t	Die Verkäuferin hat die Bluse verkauft.
be**zahl**en	→	be**zahl**t	Wir haben zu viel bezahlt.

> ❶ Diese Präfixe sind immer untrennbar: **be-, emp-, ent-, er-, ge-, miss-, ver-, zer-**.

D Verben mit -ieren

		_____+iert	
telefonieren	→	**telefon**iert	Ich habe gestern drei Stunden telefoniert.
studieren	→	**stud**iert	Meine Eltern haben in Moskau studiert.

Kapitel 8

E unregelmäßige Verben

		(ge)+_____❗_____+en	
ste**h**en	→	ge**stand**en	Ich habe im Regen gestanden.
ver**steh**en	→	ver**stand**en	Ich habe das Perfekt verstanden.
se**h**en	→	ge**seh**en	Katja hat Sabine nicht gesehen.
fern**seh**en		fern**geseh**en	Wie lange hast du gestern ferngesehen?

9 Schreiben Sie den Infinitiv.

angefangen – *anfangen*

angerufen – _____

gearbeitet – _____

ausgesehen – _____

gebraucht – _____

gedruckt – _____

eingeladen – _____

gegessen – _____

gefunden – _____

gefragt – _____

gegeben – _____

geholfen – _____

geholt – _____

gelesen – _____

gesagt – _____

gesprochen – _____

getrunken – _____

getroffen – _____

gewohnt – _____

10 Und jetzt Sie! Antworten Sie im Perfekt.

a Was haben Sie gestern gemacht? Was haben Sie gestern nicht gemacht?
b Was haben Sie im Urlaub gemacht?

4 *Wer? Wen? Was?*

	Person		**Sache**	
Nominativ (Subjekt)	**Wer?**	Wer liebt Sarah? – Der nette Koch liebt Sarah.	**Was?**	Was schmeckt gut? – Der Kuchen schmeckt gut.
Akkusativ (Objekt)	**Wen?**	Wen liebt Sarah? – Sarah liebt den neuen Verkäufer.	**Was?**	Was isst du? – Ich esse den Kuchen.

11 Objekte: *Wen?* oder *Was?*

a _____ hast du gestern getrunken? – Ich habe ein Bier getrunken.

b _____ hast du gestern gesehen? – Ich habe gestern den Film *Die Jury* gesehen.

c _____ hast du gestern gekauft? – Ich habe gestern neue Schuhe gekauft.

d _____ hast du gestern angerufen? – Ich habe meinen Vater angerufen.

e _____ hast du gestern getroffen? – Ich habe gestern meine Großmutter getroffen.

12 Was ist richtig? Unterstreichen Sie die Lösung.

a **Wer / Wen** ist das? – Das ist meine Kollegin.
b **Was / Wer** liest gern Bücher? – Ich lese gern Bücher.
c **Was / Wen** schreibst du? – Ich schreibe ein Buch.
d **Wer / Wen** hat gestern Schuhe gekauft? – Sabine hat Schuhe gekauft.
e **Wer / Wen** hat Katja gesucht? – Katja hat ihre Freundin gesucht.

5 Personalpronomen im Akkusativ

Nominativ (Subjekt)	Akkusativ (Objekt)
ich	mich
du	dich
er	ihn
sie	sie
es	es
wir	uns
ihr	euch
sie / Sie	sie / Sie

Ich liebe dich!

Wer liebt Sarah? – Der nette Koch liebt Sarah.

Er liebt sie.

Wen liebt Sarah? – Sarah liebt den neuen Verkäufer.

Sie liebt ihn.

13 Ergänzen Sie die Personalpronomen im Akkusativ.

a Bernd liebt Maria. Er möchte _____ heiraten.

b Olaf sieht ein tolles Auto. Er will _____ kaufen.

c Wo bist du? Ich suche _____ .

d Ich brauche dich. Du musst _____ anrufen.

e Irina hat einen tollen Rock gefunden. Sie findet _____ elegant.

f Wo sind die Kinder? Ich kann _____ nicht sehen!

g Wer seid ihr? Ich kenne _____ nicht.

h Wir können nicht zur Party gehen. Peter hat _____ nicht eingeladen.

i Frau Müller, ich finde Sie sehr nett. Ich möchte _____ morgen wieder treffen.

Lesen

Professionelle Kleidung im Beruf

Als Anwalt, Kaufmann/-frau und in einigen anderen Berufen braucht man professionelle Kleidung. Jeans und T-Shirt sind unprofessionell. In anderen Berufen ist der Dresscode entspannter. Für Männer ist ein Anzug mit einem Hemd richtig. Der Anzug soll die richtige Größe haben. Das Hemd hat eine dezente Farbe. Die Schuhe sind schwarz oder braun.

Frauen tragen einen Rock mit Jacke und eine dezent-elegante Bluse. Sie können auch einen Hosenanzug tragen. Einfache Accessoires sehen elegant aus. Die Schuhe sollen dezent und nicht zu hoch sein. Viele Menschen glauben, dass Kleidung den Charakter zeigt. Schlechte Kleidung finden sie inkompetent. Professionelle Kleidung sollte intakt, sauber und modisch sein. Sie muss aber nicht teuer sein.

Wortschatz

professionell	professional
die Kleidung, -en	clothing
entspannt	relaxed
die Größe, -n	size
dezent	restrained, classy
der Hosenanzug, ü-e	trouser suit, pants suit
das Accessoire, -s	accessories
hoch	high
zeigen	to show
intakt	intact
sauber	clean
modisch	fashionable

14 Beantworten Sie die Fragen zum Text.

a In welchen Berufen braucht man professionelle Kleidung?
b Welche Kleidung ist für Männer richtig?
c Welche Kleidung tragen Frauen im Beruf?
d Wie sollte professionelle Kleidung sein?

15 Und jetzt Sie! Antworten Sie.

a Welche Kleidung tragen Sie im Beruf? Welche Kleidung tragen Sie in Ihrer Freizeit?
b Was ist Ihre Lieblingskleidung?

▶ CD 1
54

Aussprache

Die Konsonanten *p – b, t – d, k – g*

Hören Sie zu und sprechen Sie nach.

p – b	t – d	k – g
Party – Bar	Tasse – das	Karten – Garten
pünktlich – Bücher	tanken – Danke	Kekse – gegen
Problem – brauchen	trinken – dringend	Kinder – Giraffe
plus – Bluse	Eltern – Soldat	Kuchen – gut
super – über	wütend – müde	Klasse – Glas
Reporter – Roboter	Winter – Kinder	ankommen – ausgehen

▶ CD 1
55

16 Hören Sie zu. Ergänzen Sie: *p* oder *b*, *t* oder *d*, *k* oder *g*?

a o__en   d __anzen   g __ern   j __ark   m Mi__rowelle

b __assen   e wie__er   h __estern   k __rei   n __our

c Lam__e   f Ar__ikel   i __aufen   l __rau   o __ar__ier

Kapitel 8

Test

1 Was ist richtig?

a ▢ Ich habe den Kuchen gegessen.
   ▢ Ich hat den Kuchen gegessen.
   ▢ Ich habe den Kuchen gegesst.

c ▢ Wann habt ihr ferngeseht?
   ▢ Wann habst ihr fernsehen?
   ▢ Wann habt ihr ferngesehen?

b ▢ Nina habt gestern arbeiten.
   ▢ Nina hat gestern arbeiten.
   ▢ Nina hat gestern gearbeitet.

d ▢ Du hast zu viel Bier getrinkt.
   ▢ Du hast zu viel Bier getrunkt.
   ▢ Du hast zu viel Bier getrunken.

2 Ergänzen Sie *Wer?*, *Wen?* oder *Was?*

a _____ ist das? – Das ist mein Großvater.

b _____ isst du gern? – Ich esse gern Spaghetti.

c _____ hast du angerufen? – Ich habe meinen Bruder angerufen.

d _____ hast du gestern gekauft? – Ich habe neue Kleidung gekauft.

3 Ergänzen Sie Personalpronomen im Akkusativ.

a Ich kann meine Schuhe nicht finden. Ich brauche _____.

b Wo ist das Buch? Ich möchte _____ lesen.

c Der Mantel sieht toll aus. Ich will _____ kaufen.

d Die Hose ist sehr elegant. Ich probiere _____ an.

Punkte: ____ / 12   **Das haben Sie gut gemacht!**

Was essen Sie am liebsten?

In diesem Kapitel lernen Sie:

◢ Wortschatz: Essen, Restaurant

◢ das Perfekt mit *sein*

◢ *gern – lieber – am liebsten, viel – mehr – am meisten*

◢ Wiederholung: Subjekt und Objekt

◢ Präpositionen mit Akkusativ

◢ Aussprache: die Konsonantenverbindungen *n – ng – nk*

⊙ CD 1 **Dialog 1**
   56

Was möchten Sie trinken?

Meiers und Schulzes sind gute Freunde. Sie waren zusammen im Kino. Danach hatten sie Hunger.
Deshalb sind sie in ein Restaurant gegangen.

Kellner	Guten Abend, hier ist unsere Speisekarte. Was möchten Sie trinken?
Silke Meier	Kann ich bitte ein Mineralwasser bekommen? Ich habe Durst.
Kellner	Aber gern. Möchten Sie das Mineralwasser mit Kohlensäure oder ohne?
Silke Meier	Mit Kohlensäure, bitte.
Ines Schulze	Und ich möchte bitte eine Apfelschorle.
Kellner	Groß oder klein?
Ines Schulze	Eine große Apfelschorle, bitte.
Jens Schulze	Ich nehme auch ein Mineralwasser, ohne Kohlensäure bitte.
Sven Meier	Für mich das Gleiche, bitte.
Kellner	Die Weinkarte ist hinten in der Speisekarte. Wir haben sehr gute Weine.
Sven Meier	Wir kennen Ihre Weine. Wir sind schon oft hier gewesen. Wir haben immer guten Wein getrunken.

Drei Minuten später …

Kellner	Hier sind Ihre Getränke: ein Mineralwasser mit Kohlensäure, zweimal Mineralwasser ohne Kohlensäure und eine große Apfelschorle.
Ines Schulze	Die Getränke sind schnell gekommen. Vielen Dank!
Kellner	Wissen Sie schon, was Sie essen möchten?
Ines Schulze	Die Gerichte auf der Speisekarte sehen lecker aus. Ich glaube, ich nehme einen griechischen Salat mit Schafskäse und Oliven.
Jens Schulze	Salat ist eine gute Idee. Das Wetter ist so warm heute. Ich nehme den mediterranen Salat mit Meeresfrüchten.
Silke Meier	Ich habe großen Hunger. Ich brauche Fleisch. Ich bestelle ein Steak mit Kartoffeln und Gemüse. Und als Vorspeise möchte ich eine kalte Gurkensuppe.
Sven Meier	Die Fischgerichte sehen gut aus. Ich glaube, ich nehme eine Forelle mit Butter und Salzkartoffeln. Ich esse am liebsten Fisch.
Kellner	Möchten Sie Brot zu den Salaten und zur Suppe?
Ines Schulze	Ja, bitte bringen Sie uns auch Brot.
Kellner	Haben Sie schon die Weinkarte gesehen?

Kapitel 9

Jens Schulze	Ja, Sie haben wirklich gute Weine. Wollen wir zusammen eine Flasche Wein bestellen?
Ines Schulze	Das ist eine gute Idee. Mögt ihr lieber weißen oder roten Wein?
Silke Meier	Ich mag alle Weine gern. Aber heute ist es so warm, dass ich lieber Weißwein trinke.
Kellner	Ich kann unseren Riesling aus der Pfalz empfehlen. Das ist ein Qualitätswein und nicht sehr teuer.
Jens Schulze	Ja, ein Riesling ist perfekt.
Kellner	Eine Flasche mit vier Gläsern?
Sven Meier	Ja, danke schön.

1 Wer bestellt was?

	Silke M.	Sven M.	Ines S.	Jens S.
a Wer bestellt eine Suppe?	☐	☐	☐	☐
b Wer isst Fleisch?	☐	☐	☐	☐
c Wer mag am liebsten Fisch?	☐	☐	☐	☐
d Wer möchte einen Salat?	☐	☐	☐	☐
e Wer trinkt Mineralwasser mit Kohlensäure?	☐	☐	☐	☐
f Wer bestellt eine große Apfelschorle?	☐	☐	☐	☐
g Wer trinkt Weißwein?	☐	☐	☐	☐

2 Lesen Sie den Text noch einmal. Ergänzen Sie.

haben (2x) • hatten • sind (2x) • waren

a Sie _____ zusammen im Kino.

b Danach _____ sie Hunger.

c Deshalb _____ sie in ein Restaurant gegangen.

d Wir _____ schon oft hier gewesen.

e Wir _____ immer guten Wein getrunken.

f _____ Sie schon die Weinkarte gesehen?

3 Und jetzt Sie! Antworten Sie.

a Was essen Sie am liebsten?

Ich esse am liebsten _____ .

b Was trinken Sie lieber: Weißwein oder Rotwein?

Ich trinke lieber _____ .

c Was ist Ihr Lieblingsrestaurant?

Mein Lieblingsrestaurant ist _____ .

Wortschatz

der Kellner, -	male waiter
die Speisekarte, -n	menu
das Mineralwasser, -	mineral water
mit Kohlensäure	sparkling (*wörtl.:* with carbon dioxide)
ohne	without
nehmen	to take
das Gleiche	the same
die Weinkarte, -n	wine list
hinten	at the back
gewesen	*past participle of* sein
schnell	quickly
gekommen	*past participle of* kommen
das Gericht, -e	dish
griechisch	Greek
der Schafskäse, -	feta cheese, sheep's cheese
die Olive, -n	olive
mediterran	Mediterranean
die Meeresfrucht, ü-e	shellfish
das Fleisch, -	meat
das Steak, -s	steak
die Kartoffel, -n	potato
das Gemüse, -	vegetables
die Vorspeise, -n	starter
kalt	cold
die Gurke, -n	cucumber
die Forelle, -n	trout
die Butter, -	butter
die Salzkartoffel, -n	boiled potatoes (*wörtl.:* salt potatoes)
am liebsten	the most, most of all
das Brot, -e	bread
bringen	to bring
zusammen	together
die Flasche, -n	bottle
bestellen	to order
lieber	like more, prefer, rather
alle	all
Riesling	type of German wine
die Pfalz	Palatinate (*area of Germany*)
empfehlen	to recommend
der Qualitätswein, -e	vintage wine
perfekt	perfect

Kapitel 9

▶ CD 1
57

Hören

Was gibt es als Nachspeise?

4 Ehepaar Meier und Ehepaar Schulze haben gegessen. Der Kellner kommt wieder zum Tisch. Welche Nachspeise nimmt Silke Meier?

a ☐ den Eisbecher mit Früchten und Sahne   **d** ☐ die Rote Grütze

b ☐ die Erdbeeren mit Sahne   **e** ☐ den Eiskaffee

c ☐ den Apfelstrudel mit Vanillesoße

5 Ergänzen Sie die Akkusativendungen. → Kap. 6, S. 71

a Ich möchte ein____ lecker____ Eiskaffee.

b Nimmst du ein____ klein____ Apfelstrudel oder ein____ Eisbecher?

c Er bestellt ein____ groß____ Rote Grütze.

d Wir essen kein____ frisch____ Erdbeeren. *(Plural)*

Dialog 2

Kellner	Wie hat es geschmeckt?
Jens Schulze	Danke, sehr gut.
Kellner	Möchten Sie noch eine Nachspeise bestellen?
Silke Meier	Welche Nachspeisen haben Sie?
Kellner	Wir haben einen Eisbecher mit Früchten und Sahne, Erdbeeren mit Sahne, Apfelstrudel mit Vanillesoße, Rote Grütze und leckeren Eiskaffee.
Silke Meier	Ich möchte bitte einen Eiskaffee.
Ines Schulze	Silke, warum trinkst du immer Eiskaffee?
Silke Meier	Eiskaffee ist mein Lieblingsgetränk. Vanilleeis und Kaffee sind eine perfekte Nachspeise.
Ines Schulze	Ich nehme lieber die Rote Grütze.
Kellner	Möchten Sie die Rote Grütze mit Sahne?
Ines Schulze	Nein, ohne Sahne, bitte. Nur Rote Grütze. Und du Jens, was nimmst du?
Jens Schulze	Ich weiß nicht … Ist der Apfelstrudel gut? Oder nehme ich lieber den Eisbecher?
Kellner	Der Apfelstrudel ist sehr gut. Ich kann ihn empfehlen.
Jens Schulze	Gut, dann nehme ich einen Apfelstrudel. Und du, Sven?
Sven Meier	Erdbeeren mit Sahne sind lecker. Aber ich habe zu viel gegessen. Ich möchte keinen Nachtisch. Ich möchte lieber einen Espresso. Haben Sie Espresso?
Kellner	Natürlich haben wir Espresso.
Sven Meier	Dann möchte ich bitte einen Espresso.
Kellner	Gut, dann bringe ich Ihnen also einen Eiskaffee, eine Rote Grütze ohne Sahne, einen Apfelstrudel und einen Espresso.

Kapitel 9

Wortschatz

geschmeckt	past participle of schmecken	_____
der Eisbecher, -	ice cream cup	_____
die Frucht, ü-e	fruit	_____
die Sahne, -	cream	_____
die Erdbeere, -n	strawberry	_____
der Apfelstrudel, -	apple strudel	_____
die Vanillesoße, -n	vanilla sauce	_____
die Rote Grütze, -n	mixed forest berries jelly	_____
der Eiskaffee, -s	iced coffee	_____
das Vanilleeis, -	vanilla ice cream	_____
der Espresso, -	espresso	_____

▶ CD 1 **Wir möchten bitte zahlen!**
58

6 Die Meiers und die Schulzes haben ihre Nachspeisen gegessen. Sie möchten zahlen. Ergänzen Sie die Preise.

– SPEISEKARTE –

Vorspeisen		Fischgerichte	
Kleiner Salat	4,50 €	Forelle mit Butter und Salzkartoffeln	14,50 €
Gurkensuppe	4,50 €	Hering mit Kartoffelsalat und Gurke	12,50 €
Oliven mit Käse	6,00 €		
Salate		**Nachspeisen**	
Griechischer Salat mit Schafskäse und Oliven	____ €	Eisbecher mit Früchten und Sahne	7,00 €
Mediterraner Salat mit Meeresfrüchten	____ €	Erdbeeren mit Sahne	5,50 €
Tomatensalat	7,00 €	Apfelstrudel mit Vanillesoße	____ €
		Rote Grütze	____ €
Fleischgerichte		Eiskaffee	3,80 €
Bratwurst mit Kartoffelsalat	9,50 €	**Getränke**	
Schnitzel mit Pommes Frites und Erbsen	16,00 €	Mineralwasser (mit Kohlensäure)	____ €
Steak mit Kartoffeln und Gemüse	23,50 €	Mineralwasser (ohne Kohlensäure)	____ €
		Apfelschorle	3,00 €
		Apfelsaft, Orangensaft, Tomatensaft	4,00 €
		Espresso	2,20 €

– WEINKARTE –

Flasche Weißwein (Riesling)	____ €	Flasche Rotwein (Dornfelder)	24, 30 €

Kapitel 9

Dialog 3

Die Meiers und die Schulzes haben ihre Nachspeisen gegessen. Sie möchten zahlen.

Jens Schulze	Wir möchten bitte zahlen.
Kellner	Gern. Wie waren denn die Nachspeisen?
Jens Schulze	Danke, sehr gut. Der Apfelstrudel war fantastisch!
Kellner	Möchten Sie zusammen oder getrennt zahlen?
Jens Schulze	Getrennt, bitte.
Kellner	Also ... Sie hatten ... einen griechischen Salat für 5,50 € und einen Salat mit Meeresfrüchten für 8,30 €. Und welche Nachspeisen hatten Sie?
Ines Schulze	Ich hatte die Rote Grütze und mein Mann hatte den Apfelstrudel.
Kellner	Okay, die Rote Grütze für 4,50 € und den Apfelstrudel für 4,20 €. Dann noch ein Mineralwasser mit Kohlensäure für 3 € und einmal ohne Kohlensäure auch für 3 €. Das macht ...
Ines Schulze	Und die Flasche Riesling.
Silke Meier	Aber Ines, wir haben den Wein geteilt!
Jens Schulze	Und wir möchten euch gern einladen. Es war so ein schöner Abend!
Sven Meier	Danke, Jens. Nächstes Mal zahlen wir.
Kellner	Die Flasche Riesling für 22,70 € dazu. Das macht ... 51,20 €.
Ines Schulze	Dann gern 55 €, bitte.
Kellner	Vielen Dank. Und Ihr Wechselgeld. Und Sie, Sie hatten ...

Wortschatz

der Käse, -	cheese	_____
die Tomate, -n	tomato	_____
die Pommes Frites (*Pl.*)	chips, French fries	_____
die Erbse, -n	pea	_____
der Hering, -e	herring	_____
Dornfelder	type of wine	_____
zahlen	to pay	_____
getrennt	separately	_____
einmal	one, once	_____
geteilt	*past particple of* teilen	_____
teilen	to share	_____
ein·laden	(*here*) to treat somebody	_____
nächstes Mal	next time	_____
das Wechselgeld, -er	change	_____

ⓘ Trinkgeld

Das Trinkgeld bezahlen Sie zusammen mit der Rechnung. Wollen Sie vom Personal kein Wechselgeld zurück, sagen Sie: „Es stimmt so, danke.", oder sagen die Summe, die Sie bezahlen wollen, z. B. „Zwölf Euro, bitte.", wenn die Summe 11 € ist.

Grammatik

1 Das Perfekt mit *sein*

Einige Verben, die eine Ortsveränderung ausdrücken, bilden das Perfekt mit dem Hilfsverb *sein*.

A Bewegung: A → B

	sein	+	Partizip Perfekt
ich	bin		
du	bist		angekommen / ausgegangen /
er / sie / es	ist		gefahren / gegangen /
			gekommen / gelaufen /
wir	sind		mitgekommen / gereist /
ihr	seid		geschwommen / gewandert …
sie / Sie	sind		

Ich **bin** ins Kino **gegangen**.
Er **ist** nach Köln **gefahren**.
Wir **sind** aus Deutschland **gekommen**.
Seid ihr in den Bergen **gewandert**?

B Eine Veränderung

Auch einige Verben, die eine Zustandsveränderung ausdrücken, bilden das Perfekt mit *sein*.

Er ist aufgewacht.

ein·schlafen (*to fall asleep*)
auf·wachen (*to wake up*)
passieren (*to happen*)
sterben (*to die*)
werden (*to become*)
…

Ich **bin** um 20 Uhr **eingeschlafen**.
Sie **ist** um 6 Uhr **aufgewacht**.
Was **ist passiert**?
Mein Großvater **ist** gestern **gestorben**.
Meine Schwester **ist** Ärztin **geworden**.

❶ sein (*to be*)	Ich **bin** zu Hause **gewesen**.
❶ bleiben (*to stay*)	Ich **bin** im Hotel **geblieben**.

Kapitel 9

7 Ergänzen Sie die passenden Partizipien.

> angekommen • ausgegangen • gefahren • geschwommen • gewandert

a Wohin seid ihr in den Urlaub _____?

b Ich bin gestern in Deutschland _____.

c In den Bergen sind wir viel _____.

d Hast du gestern Sport gemacht? – Ja, ich bin im Wasser _____.

e Tanja und Irina waren jeden Tag in der Bar. Sie sind jeden Tag _____.

8 Ergänzen Sie: *sein* oder *haben*?

		haben	sein Bewe-gung	sein Verände-rung
a	Wohin *bist* du gefahren?		x	
b	Ich _____ das Buch gelesen.	▪	▪	▪
c	Anja _____ gestern erst um Mitternacht eingeschlafen.			
d	Woher _____ Bernd gestern gekommen?	▪	▪	▪
e	Was _____ ihr als Nachspeise bestellt?			
f	Wir _____ gestern 20 Kilometer gewandert.	▪	▪	▪
g	Der Kellner _____ das Schnitzel empfohlen.			
h	_____ der Bus pünktlich gekommen?	▪	▪	▪
	– Nein, ich _____ gelaufen.			
i	Ich _____ mein Geld vergessen.	▪	▪	▪
j	Stefan, was _____ denn passiert?			
	– Mein Hund _____ gestorben.	▪	▪	▪

2 *gern – lieber – am liebsten, viel – mehr – am meisten*

Was isst Anna **gern**?
Anna isst **gern** Obst und Gemüse.
Isst Anna **viel** Obst und Gemüse?
Ja, Anna isst **viel** Obst und Gemüse.

Was isst Anna **lieber**: Obst oder Gemüse?
Anna isst **lieber** Obst.
Isst sie **mehr** Obst oder **mehr** Gemüse?
Anna isst **mehr** Obst.

Was isst Anna **am liebsten**?
Anna isst **am liebsten** Erdbeeren.
Wer isst **am meisten**: Anna oder Karsten?
Anna isst **am meisten**.

CD1 59   **9**   Was sagen Christina und Volker? Hören Sie zu und ergänzen Sie.

Christina	Hallo Volker, wie geht's?
Volker	Danke, gut. Aber ich habe Hunger.
Christina	Wollen wir essen gehen?

Volker   Ja, gern. Wohin gehen wir? Isst du _____ (**a**) türkisch oder italienisch?

Christina   Ich esse _____ (**b**) italienisch. Isst du _____ (**c**) Pizza?

Volker   Ja, ich esse _____ (**d**) Pizza. Was isst du _____ (**e**): Pizza oder Spaghetti?

Christina   Ich esse _____ (**f**) Spaghetti. Aber _____ (**g**) esse ich Tiramisu.

Volker   Was ist denn Tiramisu?

Christina   Das ist eine Nachspeise aus Italien. Das musst du probieren! Welche Nachspeise isst du _____ (**h**)?

Volker   Ich esse _____ (**i**) Vanilleeis.

Christina   Das ist langweilig, Volker. Komm, wir gehen zum Italiener!

3   Wiederholung: Nominativ und Akkusativ

Sie wissen:

Ich arbeit**e** viel.

Subjekt + Verb   Du arbeite**st** mehr.

Alex arbeit**et** in der Küche.

Subjekt = Nominativ   **Wer** liebt Sarah? – **Der nette Koch** liebt Sarah.

Objekt = Akkusativ   **Wen** liebt Sarah? – Sarah liebt **den neuen** Verkäufer.

10 Subjekt oder Objekt? Schreiben Sie **S** oder **O**.

a Maria isst einen Kuchen.	Maria	S	einen Kuchen	
b Gestern haben wir ein Auto gekauft.	wir		ein Auto	
c Der Kellner hat einen guten Wein empfohlen.	der Kellner		einen guten Wein	
d Wen habt ihr gestern getroffen?	wen		ihr	
e Maria hat eine Hose anprobiert.	Maria		eine Hose	
f Den roten Rock hat Maria nicht anprobiert.	den roten Rock		Maria	
g Was hast du im Kino gesehen?	was		du	
h Im Kino habe ich einen Film gesehen.	ich		einen Film	

Kapitel 9

4 Präpositionen mit Akkusativ

durch		Luki springt **durch** das Fenster.	ohne		Sie muss **ohne** Fisch gehen. *ohne* benutzt man meistens ohne Artikel.

durch  Luki springt **durch** das Fenster.

ohne  Sie muss **ohne** Fisch gehen.

ohne benutzt man meistens ohne Artikel.

um Sie geht **um** den Tisch.

für  „Der Fisch ist **für** dich!"

gegen  Sie springt **gegen** den Tisch.

11 Ergänzen Sie die Präpositionen.

durch • für • gegen • ohne • um

a Sie trägt eine Kette _____ den Hals.

c Das Geschenk ist _____ dich.

e Deutschland spielt _____ Brasilien.

b Das Auto fährt _____ den Tunnel.

d Bitte, einen Kaffee _____ Zucker.

12 *Um*, *gegen* oder *durch*? Ergänzen Sie.

a Das Auto fährt _____ den Baum

 b Das Auto fährt _____ den Baum.

c Sie fahren _____ die Stadt.

 **d** Sie fahren _____ die Stadt.

13 Ergänzen Sie die Personalpronomen im Akkusativ.

> uns • sie • mich • ihn • dich

a Tom sagt: „Olivia, ohne _____ gehe ich nicht ins Kino!"

b Michael hat heute Geburtstag. Hast du ein Geschenk für _____ ?

c Die Italiener spielen sehr gut Fußball. Wir spielen morgen gegen _____ .

d Ich habe Durst. Haben Sie ein Glas Wasser für _____ ?

e Wir können morgen nicht mitkommen. Ihr müsst ohne _____ schwimmen gehen.

Lesen

Deutsche Küche

Die deutsche Küche ist traditionell herzhaft. Deutschland ist weltweit bekannt für Bier und Wurst, aber auch Kaffee und Kuchen sind sehr wichtig.

Jede Region in Deutschland hat ihre eigenen Spezialitäten. Im Norden ist Fisch beliebt, während man im Süden gern Spätzle oder Schnitzel isst. Bratkartoffeln bekommt man zu jeder Jahreszeit; Kartoffeln generell dürfen nicht fehlen. Es gibt viele Rezepte für Kartoffelgerichte: Kartoffelbrei, Kartoffelsuppe, Kartoffelpuffer usw.

Brot, Brötchen, Käse, Wurst, Marmelade und Honig gehören zu einem typisch deutschen Frühstück dazu. Die Deutschen essen aber auch gern international. In großen Städten gibt es immer eine große Auswahl an Restaurants: Italienisch, Chinesisch, Thailändisch, Türkisch und viele mehr.

Wortschatz

herzhaft	hearty	_____
die Wurst, ü-e	sausage	_____
beliebt	popular	_____
die Spätzle (*Pl.*)	*similar to* gnocchi	_____
die Bratkartoffel, -n	fried potato	_____
fehlen	to be missing, to be absent	_____
der Kartoffelbrei, -	mashed potato	_____
der Kartoffelpuffer, -	potato puff, potato pancake	_____
das Brötchen, -	roll	_____
die Marmelade, -n	jam	_____
der Honig, -e	honey	_____
gehören	to belong to	_____
das Frühstück, -e	breakfast	_____
die Auswahl, -	choice, selection	_____

Kapitel 9

14 Beantworten Sie die Fragen zum Text.

a Wofür ist Deutschland weltbekannt?
b Welche Spezialitäten sind im Norden und im Süden beliebt?
c Was gehört zu einem typisch deutschen Frühstück dazu?

▶ CD 1
60
15 Sie sind im Café. Hören Sie zu und antworten Sie. Hören Sie anschließend die richtige Antwort.

Kellner   Guten Tag! Was möchten Sie trinken?

Sie   _____ *(Kaffee / möchten)*

Kellner   Möchten Sie etwas essen?

Sie   _____ *(Welche / Kuchen / ?)*

Kellner   Wir haben Apfelstrudel, Marmorkuchen und Zitronenrolle.

Sie   _____ *(Apfelstrudel / gern nehmen)*

Kellner   Gern, bringe ich sofort.

Wortschatz

der Marmorkuchen, - .... marble cake		_____
die Zitronenrolle, -n .... lemon roulade		_____
sofort .... immediately, at once		_____

▶ CD 1
61
Aussprache

Die Konsonantenverbindungen *n – ng – nk*

Hören Sie zu und sprechen Sie nach.

n / nn	ng	nk
Ananas	fangen	danke
wenn	Engel	Enkel
Männer	Hunger	Onkel
Mineralwasser	Pudding	trinken

❶ gekauft	→	ein·gekauft
❶ Wein	→	Wein·karte
❶ kommen	→	an·kommen

▶ CD 1
62
16 Hören Sie zu. Ergänzen Sie: *n, ng* oder *nk*?

a Abe____d

b la____weilig

c O____el

d pü____tlich

e Zeitu____en

f fi____den

g a____fa____en

h Schrä____e

i Hä____de

j Liebli____sgeträ____e

Kapitel 9

▶ CD1
63   **17** Hören Sie zu und lesen Sie laut.
  a Mein Onkel trinkt gern Mineralwasser.   **c** Wann kannst du endlich pünktlich sein?
  b Danke, ohne Getränke ist Essen langweilig.   **d** Wann fängst du an, deine Zeitungen zu lesen?

Test

1 Perfekt mit *sein* oder *haben*? Ergänzen Sie.

a Wir _____ nach Hamburg gefahren.   **d** Die Kinder _____ das Buch gelesen.

b Ich _____ Suppe gegessen.   **e** Ihr _____ pünktlich angekommen.

c Wann _____ du gestern eingeschlafen?

2 Ergänzen Sie.

a   gern • lieber • am liebsten   **b**   viel • mehr • am meisten

  Ben   Magst du Fußball?   Maike   Ich esse jeden Tag drei Eisbecher.

  Mark   Ja, ich spiele _____   Lena   Warum isst du so _____ Eis?
           Fußball.   Maike   Ich liebe Eis! Isst du

  Ben   Basketball ist mein Lieblingssport.
                                                             _____ Schokoladeneis
          Ich spiele _____   oder Vanilleeis?
          Basketball.   Lena   Mein Lieblingseis ist Erdbeereis.

  Jan   Und ich spiele _____   Ich esse _____
          Volleyball.   Erdbeereis.

3 Subjekt (**S**) oder Objekt (**O**)?

a **Meine Eltern** ☐ kaufen **ein altes Auto** ☐ .

b Gestern habe **ich** ☐ **einen guten Wein** ☐ getrunken.

4 Ergänzen Sie.

           für • gegen (2x) • ohne • um

a Ich trinke meinen Kaffee _____ Zucker, aber mit Milch.

b Morgen ist das Fußballspiel. Unser Team spielt _____ euer Team.

c Herr Kellner, die Suppe ist _____ mich!

d Das Auto ist _____ den Baum gefahren. Jetzt ist das Auto kaputt.

e Das Auto ist _____ das Haus gefahren. Es ist nicht kaputt.

Wortschatz

kaputt . . . . broken

                        _____

Punkte: ____ / 20   **Es geht weiter mit Kapitel 10!**

Kapitel 9

Wie feiern Sie?

In diesem Kapitel lernen Sie:

- Wortschatz: Geburtstag, eine Party feiern
- direktes und indirektes Objekt – Akkusativ und Dativ
- Artikel im Dativ
- Adjektivendungen im Dativ
- Personalpronomen im Dativ
- Präpositionen mit Dativ
- Aussprache: der Wortakzent

▶ CD 1
64

Dialog 1

Was soll ich ihr schenken?

Ursula hat bald Geburtstag. Dietrich
und ihr Bruder Paul sprechen über die
Party und über Geschenke.

Paul	Hallo Dietrich! Sag mal, hat Ursula dir eine Einladung geschickt?
Dietrich	Warum soll Ursula mir eine Einladung schicken?
Paul	Ursula hat nächste Woche Geburtstag.
Dietrich	Das weiß ich.
Paul	Warum hat sie dir dann keine Einladung geschickt?
Dietrich	Sie hat mir am Telefon erzählt, dass sie eine Party feiert.
Paul	Hat sie dich eingeladen?
Dietrich	Ja, sie hat mich eingeladen. Kommst du auch?
Paul	Natürlich komme ich. Ich bin doch ihr Bruder.
Dietrich	Ich habe ein Problem.
Paul	Was für ein Problem hast du denn?
Dietrich	Was soll ich deiner Schwester schenken?
Paul	Du kannst meiner Schwester einen Ferrari schenken.
Dietrich	Haha, sehr lustig. Was mag Ursula? Soll ich ihr eine CD schenken?
Paul	Ursula liebt Bücher. Du kannst ihr einen neuen Roman schenken.
Dietrich	Wer ist ihr Lieblingsautor?
Paul	Ich kann dir nicht alles sagen. Ist sie nicht deine Freundin?
Dietrich	Das stimmt. Du hast mir einen guten Tipp gegeben. Ich kaufe deiner Schwester ein tolles Buch. Danke!
Paul	Ursula möchte, dass wir ihr wieder einen Kuchen backen. Der letzte Kuchen war so lecker.
Dietrich	Natürlich backen wir ihr einen Kuchen!

1 Was ist richtig?

a Wer hat Geburtstag?

  ▢ Paul   ▢ Dietrich   ▢ Ursula

b Wann hat Ursula Geburtstag?

  ▢ heute   ▢ morgen   ▢ nächste Woche

c Welches Geschenk kauft Dietrich für Ursula?

  ▢ einen Ferrari   ▢ eine CD   ▢ ein Buch

d Wer ist Ursulas Lieblingsautor?

  ▢ Felicitas Hoppe   ▢ Daniel Kehlmann   ▢ Wir wissen es nicht.

e Wie heißt Ursulas Freund?

  ▢ Paul   ▢ Dietrich   ▢ Wir wissen es nicht.

Kapitel 10

2 Finden Sie die Antwort.

a Hat Ursula dir eine Einladung geschickt?

Wer hat dir die Einladung geschickt?

Was hat Ursula dir geschickt?

Wem hat Ursula eine Einladung geschickt?

Ursula

eine Einladung

dir

b Du kannst ihr einen neuen Roman schenken.

Wer kann ihr einen neuen Roman schenken?

Was kannst du ihr schenken?

Wem kannst du einen neuen Roman schenken?

ihr (Ursula)

c Du hast mir einen guten Tipp gegeben.

Wer hat mir einen guten Tipp gegeben?

Was hast du mir gegeben?

Wem hast du einen guten Tipp gegeben?

d Natürlich backen wir ihr einen Kuchen!

Wer bäckt ihr einen Kuchen?

Was backen wir ihr?

Wem backen wir einen Kuchen?

3 Und jetzt Sie! Antworten Sie.

a Wann haben Sie Geburtstag?

b Feiern Sie an Ihrem Geburtstag eine Party?

c Wen laden Sie ein?

d Was ist Ihr Lieblingsgeschenk?

Wortschatz

die Einladung, -en	invitation	
schicken	to send	
erzählen	to tell	
feiern	to celebrate	
schenken	to give a present	
die Freundin, -nen	female friend, girlfriend	
der Tipp, -s	tip, hint, a piece of advice	
backen	to bake	

	backen
ich	backe
du	bäckst
er / sie / es	bäckt
wir	backen
ihr	backt
sie / Sie	backen

> **!** **Ein** Freund / **eine** Freundin ist oft *a friend*, der männlich oder weiblich ist;
> **mein** / **dein** Freund / **meine** / **deine** Freundin ist oft *boyfriend* / *girlfriend*.

▶ CD 1 **Hören**
65

Von wem ist der Kuchen?

4 Ursula feiert ihren Geburtstag. Ihr Bruder Paul ist auch auf der Party. Dort trifft er Silke.
Richtig (**R**) oder falsch (**F**)?

a ☐   Silke hat heute Geburtstag.

b ☐   Silke arbeitet mit Ursula zusammen.

c ☐   Silke und Ursula arbeiten als Lehrerinnen.

d ☐   Silke hat den leckeren Kuchen gebacken.

e ☐   Silke wohnt bei ihren Eltern.

f ☐   Paul möchte noch einen Cocktail trinken.

5 Hören Sie genau zu. Welche Endung ist richtig?

a Bist du eine Freundin von **meinem** / **mein** / **meiner** Schwester?
b Ich wohne bei **meine** / **meiner** / **meinen** Eltern.
c Soll ich dich nach **die** / **der** / **dem** Party nach Hause bringen?

Wortschatz

genau . . . . exactly	_____
probieren . . . . to try	_____
Von wem? . . . . From whom?	_____
weit weg . . . . far away	_____
das Krankenhaus, ä-er . . . . hospital	_____
der Kindergarten, ä- . . . . nursery, kindergarten, preschool	_____
der Cocktail, -s . . . . cocktail	_____
mit·bringen . . . . to bring with	_____

Dialog 2

Paul	Hallo, ich bin Paul. Wie heißt du?
Silke	Hallo Paul, ich bin Silke. Bist du Ursulas Bruder?
Paul	Ja, ich bin ihr Bruder. Bist du eine Freundin von meiner Schwester?
Silke	Ja, Ursula ist eine gute Freundin. Wir arbeiten zusammen.
Paul	Bist du auch Ärztin?
Silke	Ja, genau. Hast du schon den leckeren Kuchen probiert?
Paul	Der Kuchen ist wirklich lecker.
Silke	Von wem ist der Kuchen?
Paul	Der Kuchen ist von mir.

Silke	Du kannst backen?
Paul	Natürlich kann ich backen. Silke, wo wohnst du eigentlich?
Silke	Ich wohne zusammen mit meinem Mann und unseren Kindern. Unsere Wohnung ist nicht weit weg vom Krankenhaus. Das ist ganz praktisch. Und du?
Paul	Ich wohne zusammen mit einem Freund, Dietrich.
Silke	Und wo arbeitest du?
Paul	Ich arbeite in einem Kindergarten. Ich möchte noch einen Cocktail. Soll ich dir einen Cocktail mitbringen?
Silke	Nein, ich komme mit.

Eine Einladung zum Geburtstag

Paul hat eine Einladung zu einer Geburtstagsparty bekommen.

Liebe Freunde,
ich lade euch herzlich zu meiner Geburtstagsparty ein.

Wann: Freitag, 15. Juni
Beginn: 19:30 Uhr
Ende: ???
Wo: in unserem Garten, Kastanienallee 35

Es gibt Fleisch und Gemüse vom Grill, leckere Salate und Kuchen.
Bitte bringt Getränke mit – danke schön!

Liebe Grüße
Silke

6 Antworten Sie.

a Wer hat Geburtstag?
b Wann ist die Party?
c Um wie viel Uhr beginnt die Party?
d Wann endet die Party?

e Wo ist die Party?
f Was für Essen gibt es auf der Party?
g Was sollen die Gäste mitbringen?

7 Und jetzt Sie! Schreiben Sie eine Antwortmail.

Informationen: Danken Sie für die Einladung. Können Sie kommen? Was bringen Sie mit?

Wortschatz

liebe/r *(f./m.)*	dear
herzlich	warmly
der Beginn, -e	start
das Ende, -n	end
vom Grill	from the barbeque
danken	to thank
Liebe Grüße	All the best, Love

Grammatik

1 Direktes und indirektes Objekt – Akkusativ und Dativ

Jeder Satz hat ein Subjekt.

Ein Satz kann ein Objekt haben.

Ein Satz kann zwei Objekte haben.

Subjekt = Nominativ
1. Objekt = direktes Objekt = Akkusativ
2. Objekt = indirektes Objekt = Dativ

Anna bäckt.

Anna bäckt **einen** Kuchen.

Anna bäckt **ihrem** Freund **einen** Kuchen.

Wer bäckt?

Was bäckt Anna?

Wem bäckt Anna einen Kuchen?

1 Objekt	**2 Objekte**

Peter kauft den Hund.

Was kauft Peter? – D**en** Hund. (Akkusativ)

Peter kauft dem Hund einen Ball.

Was kauft Peter? – D**en** Ball. (Akkusativ)
Wem kauft Peter den Ball? – D**em** Hund. (Dativ)

8 Wie viele Objekte gibt es? Kreuzen Sie an.

Objekte	0	1	2
a Ich schlafe.	x		
b Du kochst deinem Chef einen Kaffee.			x
c Er macht eine Pause.			
d Andreas kocht den Eltern eine Suppe.			
e Andreas kocht.			
f Andreas kocht eine Suppe.			
g Ich schenke meinem Bruder ein Auto.			
h Wir bringen einen leckeren Kuchen mit.			
i Wir bringen meiner Familie einen leckeren Kuchen mit.			
j Der Film fängt an.			

2 Artikel im Dativ

	maskulin	neutral	feminin	Plural
Nominativ	der	das	die	die
	ein kein	ein kein	eine keine	– keine
Akkusativ	den	das	die	die
	einen keinen	ein kein	eine keine	– keine
Dativ	**dem**	**dem**	**der**	**den**
	einem **keinem**	**einem** **keinem**	**einer** **keiner**	**–** **keinen**

| **der / das** → **dem** | **die** *(f.)* → **der** | **die** *(Pl.)* → **den** |

❶ Die Possessivartikel (*mein, dein, sein, ihr, unser, euer*) folgen dem gleichen Muster.

9 Dativ oder Akkusativ? Ergänzen Sie.

a *eine / meiner:* Ich schenke _____ Schwester _____ Katze.

b *dem / keinen:* Ich kaufe _____ Kind _____ Hund.

c *meinem / einen:* Ich backe _____ Bruder _____ Kuchen.

d *den / die:* Ich schicke _____ Eltern _____ Einladung.

e *die / den:* Ich koche _____ Gästen _____ Kartoffeln.

3 Adjektivendungen im Dativ

	maskulin	neutral	feminin	Plural
Nominativ	der nette Mann ein netter Mann kein netter Mann	das nette Kind ein nettes Kind kein nettes Kind	die nette Frau eine nette Frau keine nette Frau	die netten Eltern nette Eltern keine netten Eltern

Akkusativ	den netten Mann
	einen netten
	  Mann
	keinen netten
	  Mann
		das nette Kind
		ein nettes Kind
		kein nettes Kind
			die nette Frau
			eine nette Frau
			keine nette Frau
				die netten Eltern
				nette Eltern
				keine netten Eltern

Dativ	dem nett**en** Mann
	einem nett**en**
	  Mann
	keinem nett**en**
	  Mann
		dem nett**en** Kind
		einem nett**en** Kind
		keinem nett**en**
		  Kind
			der nett**en** Frau
			einer nett**en** Frau
			keiner nett**en**
			  Frau
				den nett**en** Eltern
				nett**en** Eltern
				keinen nett**en**
				  Eltern

❶ Nomen im Plural im Dativ bekommen ein **-n** → zwei netten Mütter**n**, sechs guten Hunde**n**

CD1
66 **10** Hören Sie zu. Ergänzen Sie die Adjektive.

> aktuellen • herzliche • lieben • netten • neuen • schöne • tolle

Frau Klein ist die Sekretärin von Herrn Kluge.

Herr Kluge   Frau Klein, haben Sie heute die _____ (a) Rechnungen geschrieben?

Frau Klein   Nein, Herr Kluge. Ich habe unseren _____ (b) Kunden die Einladungen

   für unsere _____ (c) Party geschickt.

Herr Kluge   Ach ja, die Party. Haben Sie meiner _____ (d) Frau auch eine

   _____ (e) Einladung geschickt?

Frau Klein   Natürlich habe ich Ihrer _____ (f) Frau eine _____ (g)

   Einladung geschickt.

4 Personalpronomen im Dativ

Nominativ (Subjekt)	Akkusativ (direktes Objekt)	Dativ (indirektes Objekt)
ich	mich	mir
du	dich	dir
er	ihn	ihm
sie	sie	ihr
es	es	ihm
wir	uns	uns
ihr	euch	euch
sie / Sie	sie / Sie	ihnen / Ihnen

Das ist ein Auto.   Ich kaufe es.

Das ist mein Mann.   Ich liebe ihn. Ich kaufe ihm das Auto.

11 Jens war im Urlaub. Dietrich fragt ihn, was er gekauft hat. Was passt zusammen?

a	Was hast du deiner Frau gekauft?	1	Ich habe ihnen ein Buch gekauft.
b	Was hast du uns gekauft?	2	Ich habe ihr Schuhe gekauft.
c	Was hast du den Eltern gekauft?	3	Ich habe dir eine CD gekauft.
d	Was hast du deinem Bruder gekauft?	4	Ich habe euch T-Shirts gekauft.
e	Was hast du mir gekauft?	5	Ich habe ihm kein Geschenk gekauft.

Kapitel 10

5 Präpositionen mit Dativ

Die Präpositionen **bei**, **mit**, **nach**, **von** und **zu** haben immer den Dativ.

bei Die Party ist **bei Ursula**. Ich wohne **bei Freunden**.
Ich arbeite **bei Siemens**. Jens arbeitet **bei McDonalds**.
Das Restaurant ist **bei der Uni**. Potsdam ist **bei Berlin**.

mit Ich gehe **mit meiner Freundin** tanzen. Ich fahre **mit ihr** in den Urlaub.
Ich fahre **mit dem Bus** in die Uni. Ich fliege **mit dem Flugzeug** in den Urlaub.

nach Ich fahre **nach Europa** / **nach Deutschland** / **nach Berlin**.
Wie spät ist es? Es ist **10 nach 3 Uhr**.
Wann kommst du? Ich komme **nach dem Meeting**.

von Das Geschenk ist **von meinen Eltern**.
Dietrich ist der Freund **von meiner Schwester**.
Ich komme **von einem Meeting** nach Hause.

zu  Ich gehe **zur Party**. (*zur = zu + der*)
Ich gehe **zu Ursula**. Die Party ist bei ihr.
Ich gehe **zum Haus**. Dort wohnt Ursula. (*zum = zu + dem*)
Zum Geburtstag schenke ich ihr ein Buch.

12 Ergänzen Sie.

> bei • mit • nach • von • zu

a Gehst du heute Abend _____ mir ins Kino? – Natürlich, ich gehe doch nicht ohne dich!

b Das ist eine tolle CD. – Ja, sie ist ein Geschenk _____ meiner Freundin.

c Gehst du _____ Peters Geburtstagsparty? – Nein, da mache ich leider eine Dienstreise.

d Wo arbeitest du? – Ich arbeite _____ einer Computerfirma.

e Wohin fliegt ihr in den Urlaub? – Wir fliegen dieses Jahr _____ Asien.

13 Sandra erzählt von ihrem Urlaub. Ergänzen Sie.

> bei Freunden • mit dem Taxi • nach London • von meiner Reise • zu einem Fußballspiel

a Zuerst bin ich _____ zum Flughafen gefahren.

b Dann bin ich mit dem Flugzeug _____ geflogen.

c Dort habe ich _____ gewohnt, das war billig und praktisch. Ben und
Kate sind gute Freunde und wir haben viel zusammen gemacht.

d Wir sind am Wochenende _____ gegangen.

e Ich habe Sabine _____ erzählt. Jetzt will sie auch nach London.

14 Ergänzen Sie die Personalpronomen im Dativ.

> dir • euch • ihm • ihr • mir • uns

a Karin liebt Michael. Sie möchte mit _____ nach Afrika reisen.

b Michael liebt Karin auch. Er möchte mit _____ zu Hause fernsehen.

c Karin sagt: „Michael, ich möchte mit _____ nach Afrika fliegen!"

d Michael sagt: „Komm doch lieber zu _____. Dann können wir zusammen fernsehen. Heute Abend kommt ein toller Krimi."

e Karin sagt: „Aber heute Abend wollen Katja und Tom mit _____ ins Kino gehen. Du hast gesagt, dass du mitkommst."

f Michael sagt: „Gut, ich gehe heute mit _____ ins Kino. Aber am nächsten Wochenende kommst du zu mir und wir sehen fern."

Lesen

Geburtstag in Deutschland

In Deutschland ist es Tradition, den Geburtstag mit Freunden und mit der Familie zu feiern. Oft lädt man die Freunde nach Hause ein oder man feiert in einem Restaurant. Auf der Geburtstagsparty gibt es leckeres Essen, Getränke und gute Musik. Die Gäste bringen Geschenke mit.

Wenn man Geburtstag hat, ist man das „Geburtstagskind" – auch als Erwachsener! Das Geburtstagskind bekommt eine Geburtstagstorte. Auf der Torte sind Kerzen. Es sind so viele Kerzen wie Lebensjahre. Das Geburtstagskind muss alle Kerzen gleichzeitig ausblasen. Das bringt Glück.

Wenn man zum Geburtstag gratuliert, sagt man: „Herzlichen Glückwunsch zum Geburtstag!" Man darf in Deutschland nicht vor dem Geburtstag gratulieren. Das bringt Unglück.

Auch im Job feiert man seinen Geburtstag. Man bringt den Kollegen Kuchen mit. Manchmal bekommt man ein Geschenk von den Kollegen.

Ein wichtiger Geburtstag ist der 18. Geburtstag. Mit 18 Jahren ist man in Deutschland volljährig. Man ist erwachsen und darf Auto fahren und wählen. Auch „runde" Geburtstage werden groß gefeiert: der 30., 40., 50. … Geburtstag.

Wortschatz

der Gast, ä-e	guest	_____
das Geschenk, -e	present	_____
der Erwachsene, -n	male adult	_____
die Torte, -n	cake	_____
die Kerze, -n	candle	_____
aus·blasen	to blow out	_____
das Lebensjahr, -e	year of one's life	_____
das Glück, -	luck	_____
gratulieren	to congratulate	_____

Herzlichen Glückwunsch	
zum Geburtstag!	Happy Birthday!
das Unglück, -e	bad luck
volljährig	of age, adult
erwachsen	grown up
wählen	to vote
rund	round

15 Beantworten Sie die Fragen zum Text.

a Wie feiert man seinen Geburtstag?
b Was bringt man den Kollegen mit?
c Mit wie viel Jahren ist man in Deutschland volljährig?

Aussprache

▶ CD 1
67 **Der Wortakzent**

In einfachen deutschen Wörtern wird die **erste Silbe** betont. Das ist die Stammsilbe.
Hören Sie zu und sprechen Sie nach.

kommen	Kuchen	teuer
stehen	Arbeit	pünktlich
geben	Bücher	morgen
suchen	Kinder	heute

Nach einer untrennbaren Vorsilbe (be-, ge-, er-, ver-, zer- usw.) bleibt die Betonung auf der
Stammsilbe.

▶ CD 1
68 **16** Hören Sie zu und sprechen Sie nach.

bekommen	Geschenk
verstehen	Verstand
ergeben	Ergebnis
besuchen	Besuch

▶ CD 1
69 **17** Hören Sie zu und sprechen Sie nach.

Namen und Wörter aus anderen Sprachen können auf anderen Silben betont werden. Es gibt
keine Regel.

Martina	Ägypten	Mathematik
Sabine	Argentinien	Orthografie
Alexander	Türkei	Frisör
Susanne	Berlin	Professor

Kapitel 10

CD1 **18** Hören Sie zu. Welche Silbe wird betont? Unterstreichen Sie.
70

Hamburg	benehmen	heiraten	Wochentag
Österreich	Kopfschmerzen	verheiratet	Geburtstag
nehmen	Kaufhaus	Freitag	langweilig

Test

1 Dativ oder Akkusativ? Ergänzen Sie.

a *einen/meinem:* Ich schenke _____ Vater _____ Hund.

b *dem/das:* Ich kaufe _____ Kind _____ Buch.

c *eine/meiner:* Ich backe _____ Schwester _____ Geburtstagstorte.

d *meinen/die:* Ich schicke _____ Eltern _____ Briefe.

e *das/den:* Ich gebe _____ Gästen _____ Bier.

2 Ergänzen Sie.

> ihm • ihnen • ihr • mir • wem

a Gehst du heute Abend mit Susanne ins Theater? – Ja, ich gehe gern mit _____ aus.

b Hast du von deinem Vater ein Geschenk bekommen? – Ja, von _____ habe ich eine CD bekommen.

c Hast du deinen Eltern etwas Nettes geschenkt? – Ja, ich habe _____ eine Reise nach München geschenkt.

d Mit _____ warst du gestern in der Bar? – Mit deiner Schwester.

e Kannst du _____ bitte den Stift geben? – Ja, hier ist er.

3 Was ist richtig?

a Ich arbeite **mit/bei/von** BMW. Wir machen Autos.
b Der Film beginnt um Viertel **bei/von/nach** 3 Uhr.
c Ich gehe **mit/bei/von** meiner Freundin ins Kino.
d Das Auto ist ein Geschenk **bei/von/zu** meinen Eltern.
e Gehst du heute Abend **bei/zu/nach** Peters Party?

Punkte: ____ /20   **Herzlichen Glückwunsch!**

Kapitel 10

Wohin reisen Sie?

In diesem Kapitel lernen Sie:

- Wortschatz: Reisen
- Komparativ und Superlativ
- Aussprache: Umlaute *ö – ü*

▶ CD2
1 **Dialog 1**

Eine Dienstreise buchen

Lara Bauer und Klaus Schubert müssen eine Dienstreise
von Berlin nach Hamburg buchen. Lara kauft die
Fahrkarten am Bahnhof.

Am Bahnhof

Angestellter	Guten Tag. Wie kann ich Ihnen helfen?
Lara Bauer	Guten Tag. Ich hätte gern zwei Fahrkarten nach Hamburg, bitte.
Angestellter	Einfach oder hin und zurück?
Lara Bauer	Hin und zurück.
Angestellter	Erste Klasse oder zweite Klasse?
Lara Bauer	Erste Klasse, bitte. Wir machen eine Dienstreise.
Angestellter	Wann möchten Sie abfahren?
Lara Bauer	Wir möchten am Montagmorgen abfahren. Wir haben einen Termin um 11.00 Uhr.
Angestellter	Ja, gut. Am Montagmorgen fährt ein Zug um 7.12 Uhr … und noch ein Zug um 8.16 Uhr.
Lara Bauer	Wie lange dauert die Fahrt?
Angestellter	Die Fahrt dauert eine Stunde und 40 Minuten. Wenn Sie um 8.16 Uhr abfahren, sind Sie um 9.56 Uhr in Hamburg. Wäre das früh genug?
Lara Bauer	Hmm … Ankunft in Hamburg um 9.56 Uhr? Ja, das ist perfekt.
Angestellter	Und die Rückfahrt?
Lara Bauer	Wir möchten Montagabend gegen sechs abfahren.
Angestellter	Alles klar. Einen Moment, bitte. Ja, ein Zug fährt um 18.07 Uhr.
Lara Bauer	Prima. Wie lange dauert die Rückfahrt?
Angestellter	Die Rückfahrt dauert so lange wie die Hinfahrt: eine Stunde und 40 Minuten. Sie müssen nicht umsteigen.
Lara Bauer	Sehr gut!
Angestellter	Möchten Sie Sitzplätze reservieren?
Lara Bauer	Ja, bitte. Was kosten die Fahrkarten?
Angestellter	Erste Klasse, hin und zurück zwischen Berlin und Hamburg … mit Sitzplatzreservierung … Das kostet 148 € pro Person.
Lara Bauer	Kann ich mit Kreditkarte zahlen?
Angestellter	Natürlich. Hier sind die Fahrkarten.
Lara Bauer	Vielen Dank.
Angestellter	Bitte schön. Der Zug fährt von Gleis 4 ab. Schöne Reise!

Kapitel 11

1 Lesen Sie den Dialog noch einmal. Füllen Sie die Tabelle aus.

Wohin?	nach:
Woher?	von:
Wie viele?	☐ eine Fahrkarte ☐ zwei Fahrkarten ☐ drei Fahrkarten
Wie?	☐ einfach (Berlin → Hamburg) ☐ hin und zurück (Berlin → + ← Hamburg) ☐ 1. Klasse ☐ 2. Klasse

Wann?	Hinfahrt von Berlin nach Hamburg: Abfahrt: um _____ Uhr Ankunft: um _____ Uhr	Rückfahrt von Hamburg nach Berlin: Abfahrt: um _____ Uhr Ankunft: um _____ Uhr
Was?	☐ Sie machen Urlaub. ☐ Sie machen eine Dienstreise.	

2 Wer sagt was? Kreuzen Sie an.

	Angestellter	Lara Bauer
a „Einfach oder hin und zurück?"	☐	☐
b „Ich hätte gern zwei Fahrkarten nach Hamburg, bitte."	☐	☐
c „Wie kann ich Ihnen helfen?"	☐	☐
d „Wie lange dauert die Fahrt?"	☐	☐
e „Bitte schön. Der Zug fährt von Gleis 4 ab. Schöne Reise!"	☐	☐
f „Was kosten die Fahrkarten?"	☐	☐
g „Natürlich. Hier sind die Fahrkarten."	☐	☐

Wortschatz

Ich hätte gern …	I would like …	_____
die Fahrkarte, -n	ticket	_____
einfach	(*here*) single, one way	_____
hin und zurück	(*here*) return, round trip	_____
erste / zweite Klasse	first / second class	_____
die Dienstreise, -n	business trip	_____
ab·fahren	to depart	_____
am Montagmorgen/-abend	on Monday morning/evening	_____
dauern	to last, to take (*time*)	_____
die Fahrt, -en	journey	_____
Wäre das früh genug?	Would that be early enough?	_____
wäre	*conditional of* sein	_____
genug	enough	_____
die Ankunft, ü-e	arrival	_____
die Rückfahrt, -en	return journey	_____
gegen	(*here*) about	_____
prima	excellent	_____
die Hinfahrt, -en	outward journey	_____
umsteigen	to change (*trains, buses, etc.*)	_____

der Sitzplatz, ä-e	seat	_____
reservieren	to reserve	_____
kosten	to cost	_____
zwischen	between	_____
die Sitzplatzreservierung, -en	seat reservation	_____
pro Person	per person	_____
die Kreditkarte, -n	credit card	_____
der Zug, ü-e	train	_____
das Gleis, -e	platform	_____
Schöne Reise!	Have a good journey!	_____

Hören

▶ CD2 **Flugtickets kaufen**
  2

3 Johannes und Sylvia wollen ihren Sohn Tim in den USA besuchen. Sie schauen im Internet, wie sie am besten nach New York fliegen können. Hören Sie zu und beantworten Sie die Fragen.

a Wohin wollen Silvia und Johannes fliegen? _____

b Haben sie einen günstigen Flug gefunden? _____

c Um wie viel Uhr startet das Flugzeug? _____

d Müssen sie umsteigen? _____

4 Sie möchten von Berlin nach Barcelona fliegen. Sehen Sie sich das folgende Angebot an und beantworten Sie die Fragen.

Details	Preise				schließen
✈ **Hinflug**	**Sa. 8. Dez**	**TXL** nach **BCN**			2:35 Std.
🄻 *Lextra Airlines* – Flug 1234					*Nonstop*
Start	Sa. 15:25	TXL	Berlin, Deutschland		
Landung	Sa. 18:00	BCN	Barcelona, Spanien		
✦ **Rückflug**	**Fr. 11. Jan**	**BCN** nach **SFX**			2:50 Std.
🄲 *CornelsenJet* – Flug 5678					*Nonstop*
Start	Fr. 20:05	BCN	Barcelona, Spanien		
Landung	Fr. 22:55	SFX	Berlin, Deutschland		
119 €	🄻 🄲	*Lextra Airlines / CornelsenJet*			

Kapitel 11

a Wie viel kostet das Flugticket?   _____

b An welchem Datum fliegen Sie nach Spanien?   _____

c Wann startet das Flugzeug in Berlin?   _____

d Wann landet das Flugzeug in Barcelona?   _____

e Wie lange dauert der Rückflug insgesamt?   _____

f Geht der Flug von Berlin nach Barcelona direkt oder müssen Sie umsteigen? _____

Wortschatz

das Internet	internet	_____
das Angebot, -e	offer	_____
günstig	cheap	_____
der Flug, ü-e	flight	_____
zurück	back	_____
das Flugticket, -s	(flight) ticket	_____
wirklich	really	_____
Lass mich mal sehen …	Let me see …	_____
tatsächlich	indeed, really	_____
fliegen	to fly	_____
der Hinflug, ü-e	outbound flight	_____
der Rückflug, ü-e	return flight	_____
starten	to start, (*here*) to depart	_____
das Flugzeug, -e	airplane	_____
direkt	direct(ly)	_____
richtig	right	_____
buchen	to book	_____
sich freuen	to be pleased	_____
der Preis, -e	price	_____
schließen	to close	_____
die Landung, -en	landing	_____

Kapitel 11

Dialog 2

Silvia	Schau mal, Johannes, im Internet habe ich ein sehr günstiges Angebot für zwei Flüge von Berlin nach New York und zurück gefunden. Die Flugtickets kosten nur 550 € pro Person!
Johannes	Wirklich? Lass mich mal sehen … Tatsächlich, pro Person kostet der Flug nur 550 €! An welchem Tag fliegen wir?
Silvia	Der Hinflug ist am 15. Juli und der Rückflug am 10. August. Das passt Tim ganz gut.
Johannes	Und um wie viel Uhr startet das Flugzeug in Berlin?
Silvia	Es startet um 12.30 Uhr.
Johannes	Und wann kommen wir in New York an?
Silvia	Um 17.25 Uhr.
Johannes	Geht der Flug direkt oder müssen wir umsteigen?
Silvia	Nein, der Flug geht nicht direkt. Wir müssen in London umsteigen.
Johannes	O. K. Also, wir fliegen am 15. Juli ab, um 12.30 Uhr. Wir kommen in New York um 17.25 Uhr an. Und der Rückflug von New York ist am 10. August. Die Flüge kosten pro Person 550 €. Richtig?
Silvia	Richtig. Soll ich die Flüge für uns buchen?
Johannes	Ja, bitte. Und ich schicke Tim eine E-Mail – er wird sich freuen!

Grammatik

1 Komparativ und Superlativ

Mit Komparativ und Superlativ werden Sachen verglichen.

A Der Komparativ: Bildung

_____ + er

Adjektiv		Komparativ
billig	→	billiger
klein	→	kleiner
teuer	→	teurer
ruhig	→	ruhiger

¨ + er

Adjektiv		Komparativ
alt	→	älter
groß	→	größer
jung	→	jünger
lang	→	länger

B Der Superlativ: Bildung

am _____ sten

Adjektiv		Komparativ		Superlativ
billig	→	billiger	→	am billigsten
klein	→	kleiner	→	am kleinsten
teuer	→	teurer	→	am teuersten
ruhig	→	ruhiger	→	am ruhigsten

am ¨ sten

Adjektiv		Komparativ		Superlativ
alt	→	älter	→	am ältesten
groß	→	größer	→	am größten
jung	→	jünger	→	am jüngsten
lang	→	länger	→	am längsten

Wortschatz

jung . . . . young   _____

lang . . . . long   _____

Kapitel 11

5 Ergänzen Sie die Formen.

a *neu* _____ → _____ → _____

b _____ → _____ → *am schönsten* _____

c _____ → *älter* _____ → _____

d _____ → *wärmer* _____ → _____

e _____ → _____ → *am kältesten* _____

6 Wie groß sind die deutschen Städte? Ordnen Sie zu.

Berlin ist 892 km² groß.	Hamburg ist 755 km² groß.
Köln ist 405 km² groß.	Dresden ist 328 km² groß.

a	Berlin	1	ist am größten.
b	Hamburg	2	ist am kleinsten.
c	Köln	3	ist größer als Dresden.
d	Dresden	4	ist kleiner als Berlin.

2 Komparativ und Superlativ: unregelmäßige Bildung

Einige Adjektive haben eine unregelmäßige Form. → Kapitel 9, S. 110

Adjektiv	Komparativ	Superlativ
gut	besser	am besten
gern	lieber	am liebsten
viel	mehr	am meisten

7 Ergänzen Sie die Formen.

a Der Volkswagen gefällt ihm *gut* _____ .

   Der BMW gefällt ihm _____ .

   Der Mercedes gefällt ihm _____ .

b Sie liest _____ Zeitung.

   Sie liest _____ ein Buch.

   Sie liest *am liebsten* _____ Krimis.

c Die Fahrkarten kosten _____ .

   Mit Sitzplatzreservierung kosten sie *mehr* _____ .

   Erste Klasse kostet _____ .

3 Komparativ und Superlativ: Strukturen

Jens ist 180 cm groß.
Arthur ist 180 cm groß. (180 = 180)   →   Arthur ist *so groß wie* Jens.

Dirk ist 178 cm groß.
Uwe ist 183 cm groß. (183 > 178)   →   Uwe ist größ*er als* Dirk.
Hans ist 185 cm groß. (+++ 185 > 183 > 178) →   Hans ist größer als Dirk und Uwe.
                                              →   Hans ist *am* größ*ten*.

Komparativ		Superlativ
=	>	+++
so … wie	…er als	am …ten

8 Ergänzen Sie im Komparativ (>, =) oder im Superlativ (+++).

Peter ist 33 Jahre alt.	Peters Bruder ist 38.	Peters Mutter ist 60.
Peters Schwester ist 35.	Peters Vater ist 60.	Peters Großmutter ist 86.

a Peter ist _____ _____. (*jung* +++)

b Peters Schwester ist _____ _____ Peter. (*alt* >)

c Peters Schwester ist _____ _____ Peters Bruder. (*jung* <)

d Peters Mutter ist _____ alt _____ sein Vater. (=)

e Peters Großmutter ist _____ _____ . (*alt* +++)

9 Sie buchen eine Reise im Internet. Beantworten Sie die Fragen.

Ihre Hinfahrtmöglichkeiten					sortiert nach	Abfahrt ⇕	
Bahnhof/Hal-testelle	**Datum**	**Zeit**	**Dauer**	**Umst.**	**Produkte**		**Preis für alle Reisenden**
		↑ Früher					Normalpreis ⓘ
❯ Berlin Hbf Dresden	Fr. 10.08.12 Fr. 10.08.12	ab 06:52 an 09:28	2:36	1	ICE		61 EUR → zur Buchung
❯ Berlin Hbf Dresden	Fr. 10.08.12 Fr. 10.08.12	ab 08:45 an 10:52	2:07	0	EC		38 EUR → zur Buchung
❯ Berlin Hbf Dresden	Fr. 10.08.12 Fr. 10.08.12	ab 08:52 an 11:28	2:36	1	ICE		61 EUR → zur Buchung
❯ Details für alle anzeigen		↓ Später					

a Wie lange dauert die erste Fahrt?
b Wann fährt dieser Zug ab?
c Wie oft muss man umsteigen?

d Was kostet diese Fahrt?
e Welche Fahrt ist am billigsten?
f Welche Fahrt ist am schnellsten?

▶ CD 2 **10** Sie kaufen eine Fahrkarte. Hören Sie zu und antworten Sie.
3   Hören Sie anschließend die richtige Antwort.

Angestellter   Guten Tag. Wie kann ich Ihnen helfen?

a Sie   _____

(1 Fahrkarte / nach Stuttgart / buchen)

Angestellter   Einfach oder hin und zurück?

b Sie   _____

(Hin und zurück)

Angestellter   Wann möchten Sie fahren?

c Sie   _____

(Dienstag / gegen 14 / zurück am Freitag / gegen 19)

Angestellter   Es gibt einen Zug am Dienstag um 14.23 Uhr mit Ankunft in Stuttgart um
               15.52 Uhr. Und am Freitag fährt ein Zug um 19.03 Uhr ab und kommt um
               20.37 Uhr an.

d Sie   _____

(Prima / kosten?)

Angestellter   Das macht 86,50 €. Wie möchten Sie bezahlen?

e Sie   _____

(Kreditkarte)

Angestellter   Hier ist die Fahrkarte. Der Zug fährt von Gleis 11 ab. Schöne Reise!
Sie   Danke schön!

Lesen

Die Deutsche Bahn

Machen Sie eine Dienstreise oder machen Sie Urlaub? Man kann fast jede Stadt in Deutschland mit dem Zug erreichen. Viele Personen machen das auch. Rund 2 Milliarden Personen fahren pro Jahr Bahn mit der Deutschen Bahn. Man kann auch in andere Länder mit dem Zug fahren. Das Schienennetz der Deutschen Bahn ist mit rund 33.400 km das längste in Europa.

Mit welchem Zug fahren Sie?

* **Intercity-Express (ICE)** – Diese Züge fahren zwischen Großstädten in Deutschland (Hamburg, Berlin, München, Köln, Frankfurt, Stuttgart) und auch im Ausland (Frankreich, Österreich, der Schweiz, den Niederlanden, Belgien und Dänemark). ICE-Züge können 300 km/h fahren. Sie halten nicht so oft an wie andere Züge.

* **Eurocity (EC)** – Diese Züge fahren zwischen Großstädten in Europa. Sie sind nicht so schnell wie ICE-Züge, aber können 200 km/h fahren.

* **Intercity (IC)** – Diese Züge fahren nur in Deutschland. Sie halten häufiger und fahren langsamer als ICE-Züge. IC-Züge können so schnell wie EC-Züge fahren (200 km/h).

* **Regional-Express (RE)** und **Regionalbahn (RB)** – Mit diesen Zügen kann man auch kleine Städte erreichen. Regionalbahn-Züge fahren am langsamsten und halten am häufigsten an.

* **City Night Line** – In diesen Zügen kann man eine Schlafkabine reservieren. Sie können am Abend im Schlafzimmer einschlafen und am Morgen in einem anderen Land aufwachen.

Wortschatz

rund	around	_____
Milliarden	billion	_____
erreichen	to reach	_____
das Schiennetz, -e	rail network	_____
anhalten	to stop	_____
km/h = Kilometer pro		_____
Stunde	kilometres per hour	_____
häufig	frequent	_____
langsam	slow	_____
die Schlafkabine, -n	sleeping car	

11 Lesen Sie den Text und beantworten Sie die Fragen.

a Welche Züge sind am schnellsten? Wie schnell fahren sie?
b Welche Züge halten am häufigsten an?
c Mit welchem Zug würden Sie am liebsten fahren? Warum?

Kapitel 11

▶ CD 2
4 **Aussprache**

Umlaute *o/ö – u/ü*

Hören Sie zu und sprechen Sie nach.

o	ö	u	ü
Koch	Köche	Unterlage	Übung
offen	öffnen	unten	über
Vogel	Vögel	Kuchen	Küche
Offenheit	Öffentlichkeit	benutzbar	nützlich

▶ CD 2
5 **12** Hören Sie zu und setzen Sie die fehlenden Buchstaben ein.

a Z __ __ ge   –   Z __ ge

b T __ __ re   –   T __ re

c K __ he   –   K __ che

d V __ gel   –   M __ bel

e Kn __ pf   –   Kn __ pfe

f gr __ ß   –   gr __ ßer

▶ CD 2
6 **13** Welche Verben sind hier gemeint? Hören Sie zu und kreuzen Sie das richtige Wort an.

a ☐ küssen   ☐ müssen
b ☐ stören   ☐ schwören
c ☐ bügeln   ☐ zügeln
d ☐ lösen   ☐ Klöße
e ☐ Hüte   ☐ müde

▶ CD 2
7 **14** Hören Sie zu und sprechen Sie nach.

a Könnten die Römer höhere Töne treffen, könnten sie öfter schönere Chöre eröffnen.
b Ich nehme den Frühzug fünf Uhr fünfundfünfzig.

Wortschatz		
der Römer, - . . . . Roman	
der Ton, ö-e . . . . tone	
der Chor, ö-e . . . . choir	
eröffnen . . . . to open something	

Kapitel 11

Test

1 Ordnen Sie zu.

a	erste Klasse	**1**	Sofie muss eine _____ nach Berlin machen.
b	Fahrkarte	**2**	Sie hat schon eine _____ im Bahnhof gekauft.
c	Sitzplatz	**3**	Sie hat auch einen _____ reserviert.
d	Dienstreise	**4**	Sie fährt _____ _____, weil es ruhiger ist.

2 Ergänzen Sie mit dem Komparativ.

a Zweite Klasse ist _____ als erste Klasse. *(billig)*

b Jens ist _____ als Sofie. *(klein)*

c Meine Schwester ist _____ als ich. *(alt)*

d Ein Porsche ist _____ als ein Volkswagen. *(schnell)*

3 Ergänzen Sie mit dem Superlativ.

a Peter ist 170 cm groß. Felix ist 172 cm groß. Caroline ist 177 cm groß.

    Caroline ist …
        ☐ am größer.
        ☐ am kleinsten.
        ☐ am größten.

b In Berlin sind es -3 °C. In Madrid sind es 11 °C. In Sydney sind es 26 °C.

    In Berlin ist es …
        ☐ am heißten.
        ☐ am kältesten.
        ☐ am heißer.

Punkte: _____ / 10   **Gute Reise!**

Kapitel 11

Wie fühlen Sie sich?

In diesem Kapitel lernen Sie:

◢ Wortschatz: Emotionen und Gefühle

◢ Wortstellung: Nebensatz (*wenn / weil / dass*)

◢ Verben mit Dativ

◢ Aussprache: der Knacklaut

▶ CD 2 **Dialog 1**
    8

Gefühle und Emotionen

Ich bin glücklich!

Ich bin zufrieden.

Ich habe Langeweile.

Ich habe Angst!

Ich bin traurig.

Ich bin wütend!

Wie geht es dir? / Wie geht es Ihnen?

Hören Sie, wie einige Personen beschreiben, wie es ihnen geht.

a

Lisa	Wie geht's, Anna?
Anna	Prima, danke! Die Party macht viel Spaß! Ich bin glücklich! Wir lachen viel.

b

Frau Funk	Wie geht es Ihnen, Herr Müller?
Herr Müller	Danke, gut! Ich habe fleißig gearbeitet und jetzt mache ich Feierabend. Ich bin zufrieden.

c

Kathrin	Wie geht es dir, Alex?
Alex	Na ja, es geht. Diese klassische Musik gefällt mir eigentlich nicht. Ich habe Langeweile.

d

Andreas	Wie geht es dir, Michael?
Michael	Mir geht es nicht so gut. Morgen habe ich eine Prüfung und ich habe noch nicht gelernt. Ich habe Angst!

e

Herr Caspers	Wie geht es Ihnen, Frau Müller?
Frau Müller	Ach, es geht mir gar nicht gut! Meine Großmutter ist gestorben. Sie fehlt mir sehr! Ich bin so traurig. Ich weine oft.

f

Herr Schall	Wie geht es Ihnen, Herr Schuhmacher?
Herr Schuhmacher	Furchtbar! Ich fahre zur Arbeit und stehe im Stau! Ich bin wütend! Ich will schreien.

Kapitel 12

1 Ordnen Sie zu.

	Person		Emotion
a	Anna	1	Angst haben
b	Michael	2	glücklich sein, lachen
c	Herr Müller	3	Langeweile haben
d	Alex	4	traurig sein, weinen
e	Frau Müller	5	wütend sein
f	Herr Schuhmacher	6	zufrieden sein

▶ CD 2 **2** Ergänzen Sie.
   9

> Angst • Feierabend • ~~glücklich~~ • Großmutter • klassische Musik • Langeweile
> ~~Party~~ • Prüfung • Stau • traurig • wütend • zufrieden

a Anna ist _____*glücklich*_____, weil die _____*Party*_____ viel Spaß macht.

b Michael hat _____, weil er morgen eine _____ hat.

c Herr Müller ist _____, weil er fleißig gearbeitet hat und jetzt

_____ macht.

d Alex hat _____, weil ihm _____

_____ nicht gefällt.

e Frau Müller ist _____, weil ihre _____ gestorben ist.

f Herr Schuhmacher ist _____, weil er im _____ steht.

Wortschatz

glücklich sein	to be happy	_____
zufrieden sein	to be satisfied / content	_____
Langeweile haben	to be bored	_____
die Langeweile, -	boredom	_____
Angst haben	to be afraid	_____
die Angst, Ä-e	fear	_____
traurig sein	to be sad	_____
wütend sein	to be angry	_____
Spaß machen	to be fun	_____
lachen	to laugh	_____
Wie geht es Ihnen / dir?	How are you?	_____
fleißig	hardworking, diligent	_____
Feierabend machen	to finish work for the day	_____
der Feierabend, -e	closing time, finishing time (*wörtl.*: party evening)	_____

na ja	well … (*filler word*)	_____
gefallen	to please, to like	_____
die Prüfung, -en	exam, test	_____
lernen	to learn	_____
gar nicht	absolutely not	_____
ist gestorben	*perfect tense of* sterben	_____
sterben	to die	_____
fehlen	to miss (something / somebody)	_____
weinen	to cry	_____
furchtbar	terrible	_____
im Stau stehen	to be stuck in a traffic jam	_____
der Stau, -s	traffic jam	_____
schreien	to scream	_____

▶ CD 2
10
Hören

Hunde an die Leine

3 Anna trifft Jürgen im Park. Sie fragt ihn, wie es ihm geht. Ergänzen Sie die Pronomen.

> dir (2x) • ihm • ihr • mir (3x)

a Anna: „Jürgen, wie geht es _____?"

b Jürgen: „Es geht _____ gar nicht gut."

c Anna: „Das tut _____ leid!"

d Jürgen: „Hilfst du _____?"

e Anna: „Ja, ich helfe _____."

f Anna hilft _____.

g Annas Hund Jogi ist gestorben. Jogi fehlt _____ sehr.

4 Richtig (**R**) oder falsch (**F**)? Korrigieren Sie.

a | F | Jürgen ist ~~glücklich~~.

    traurig _____

b | | Jürgen lacht, weil er traurig ist.

_____

c | | Jürgen ist traurig, weil ihr Hund gestorben ist.

_____

d | | Annas Hund Jogi ist gestorben.

_____

e | | Anna hilft Jürgen.

f | | Jürgen sucht allein nach seinem Hund.

_____

Kapitel 12

Wortschatz

weg·laufen	. . . .	to run away
weg	. . . .	gone
Das tut mir leid.	. . . .	I'm sorry.
leid·tun	. . . .	to be sorry
hoffen	. . . .	to hope
gesund	. . . .	healthy
suchen	. . . .	to search, to look for

Dialog 2

Anna   Hallo Jürgen, wie geht es dir?

Jürgen   Hallo Anna. Mir geht es nicht gut, ich bin traurig. Mein Hund ist weggelaufen. Ich kann
           ihn nicht finden. Er ist weg!

Anna   Dein Hund ist weggelaufen? Das ist schade.

Jürgen   Hast du auch einen Hund, Anna?

Anna   Nein. Mein Hund Jogi ist letztes Jahr gestorben.

Jürgen   Oh, das tut mir leid.

Anna   Ja, das ist traurig. Ich habe den Hund geliebt!

Jürgen   Ich hoffe, mein Hund ist gesund.

Anna   Sicher geht es ihm gut. Aber weinen hilft uns jetzt nicht. Wir müssen deinen Hund
           suchen!

Jürgen   Hilfst du mir?

Anna   Ja, natürlich! Wir suchen in der ganzen Stadt. Dann finden wir ihn bestimmt.

Jürgen   Danke, das ist nett von dir.

Grammatik

1 Wortstellung im Nebensatz (*wenn / weil / dass*)

Die Konjunktionen *wenn*, *weil* und *dass* sind „Verbkicker".
- Im Nebensatz steht das Verb nicht auf Position 2.
- Das Verb kommt an das Ende.

Kicker
wenn
weil
dass   Verb   Verb

Hauptsätze	**Hauptsatz + Nebensatz**	
Ich weine. (Warum?) Ich bin heute traurig.	Ich weine,	**weil** ich heute traurig <u>bin</u>.
Du lachst viel. (Wann?) Du bist glücklich.	Du lachst viel,	**wenn** du glücklich <u>bist</u>.
Ich hoffe es. (Was?) Sie ist nicht wütend.	Ich hoffe,	**dass** sie nicht wütend <u>ist</u>.

Wortschatz

wenn . . . . if	_____
weil . . . . because	_____
dass . . . . that	_____

5 Ordnen Sie zu.

a	Ich esse viel,	1	wenn ich Durst habe.
b	Ich trinke eine Apfelschorle,	2	wenn ich großen Hunger habe.
c	Ich lache,	3	wenn ich glücklich bin.
d	Ich tanze,	4	wenn es warm ist.
e	Ich gehe schwimmen,	5	wenn ich im Club bin.

6 Schreiben Sie Sätze.

Er hat Angst, / weil / hat / morgen / eine Prüfung / er

Er hat Angst, weil er morgen eine Prüfung hat.

a Sie hoffen, / sie / dass / finden / seinen Hund

_____

b Er ist traurig, / weggelaufen / sein Hund / ist / weil

_____

c Ich spiele kein Tennis, / das Wetter / wenn / schlecht / ist

_____

d Alex hat Langeweile, / hört / er / klassische Musik / wenn

_____

2 Nebensatz: Position 1

Der Nebensatz kann vor dem Hauptsatz stehen. Dann ändert sich die Wortstellung.
- „… Verb, Verb …".

Hauptsätze	**Nebensatz**	**+**	**Hauptsatz**

Ich weine.
  (Verb)
(Warum?)
Ich bin heute traurig.
  (Verb)

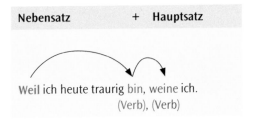

Weil ich heute traurig bin, weine ich.
  (Verb), (Verb)

7 Schreiben Sie Sätze.

Warum singt er? (*glücklich sein*)

Weil er glücklich ist, singt er.

a Warum bleibt er allein zu Hause? (*traurig ist*)

Weil _____ ist, bleibt _____.

b Warum tanzt sie so viel? (*froh ist*)

Weil _____, _____.

c Warum schreit Carmen? (*wütend ist*)

Weil _____, _____.

d Warum weint er? (*Angst hat*)

Weil _____, _____.

3 Verben mit Dativ

Diese Verben haben:

- ein Subjekt (Person oder Sache) → Nominativ
- und eine Person → Dativ

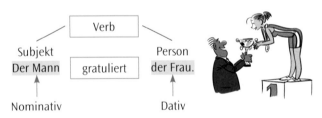

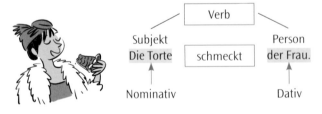

Verben mit Dativ	
Infinitiv	**Englisch**
antworten	to answer
danken	to thank
fehlen	to miss
gehören	to belong to
gefallen	to please
gratulieren	to congratulate
helfen	to help
leid·tun	to be sorry
passen	to fit
schmecken	to taste
stehen	to suit
weh·tun	to hurt
zu·hören	to listen to

8 Ergänzen Sie.

antwortet • fehlt • gefällt • gehört • passt • schmeckt • steht • tut … weh

a Das Hemd _____ dem Mann nicht. Es ist ihm zu klein.

b Die tolle Sonnenbrille _____ ihr gut. Sie sieht sehr schick aus.

c Das Bein _____ dem Fußballspieler _____. Er ist traurig, weil er nicht mehr spielen kann.

d Ihm _____ ein Stift. Er kann ihre Telefonnummer nicht aufschreiben.

e Die Pizza ist sehr lecker. Sie _____ mir!

f Der lange Film _____ der Frau gar nicht. Sie hat Langeweile, und will den Film nicht bis zum Ende anschauen.

g Der Mann fragt die Frau. Aber die Frau ist wütend und _____ dem Mann nicht.

h Das Auto _____ mir nicht. Ein Lamborghini ist mir viel zu teuer.

4 Pronomen im Dativ

Nominativ	Dativ
ich	mir
du	dir
er / sie / es	ihm / ihr / ihm
wir	uns
ihr	euch
sie / Sie	ihnen / Ihnen

9 Ergänzen Sie die Pronomen im Dativ.

a Herr Müller   Guten Morgen, Frau Schneider! Können Sie _____ bitte helfen?

Frau Schneider Nein, es tut _____ leid. Ich kann _____ leider nicht helfen.

b Jürgen   Anna, warum spielt dein Bruder nicht Fußball?

Anna   Das Bein tut _____ sehr weh. Er kann nicht laufen.

c Alexander   Hallo Anna und Jürgen. Die Pizza riecht sehr gut. Schmeckt sie _____?

Anna & Jürgen Ja, sie schmeckt _____ sehr gut. Willst du auch ein Stück?

d Gisela   Ich habe neue Schuhe gekauft. Wie findest du sie?

Sofie   Klasse! Die Schuhe stehen _____ sehr gut. Du siehst schick aus.

10 Schreiben Sie Sätze.

Mann / antworten / Frau

Der Mann antwortet der Frau. _____

a Professor / helfen / Student

_____

b Hund / gehören / Eltern

_____

c Buch / fehlen / Studentin

_____

d Rock / stehen / Frau / sehr gut

_____

e Fisch / schmecken / Kind / nicht

_____

f Kind / zu·hören / Großmutter

_____

Lesen

Deutsche Interjektionen

Oft kann man ein Gefühl mit nur einem Wort ausdrücken. Diese Wörter heißen „Interjektionen." Sie drücken ein Gefühl aus. Man kann Überraschung, Schmerz, Mitleid, Freude und Ekel mit Interjektionen ausdrücken. Obwohl diese Gefühle international sind, sind oft die Wörter in verschiedenen Sprachen anders. In deutschsprachigen Ländern sagt man „Igitt", um Ekel auszudrücken. Auf Englisch sagt man „yuck".

▶ CD 2
11

11 Hören Sie zu und ergänzen Sie die Gefühle: *die Überraschung, der Schmerz, das Mitleid, der Ekel.*

Gefühl	Bild	Interjektion	Bedeutung
a		Aua!	Das tut mir weh!
b		Ach?!	Echt? Das habe ich nicht gewusst.
c		Igitt!	Das ist eklig. Es stinkt.
d		Oje!	Oh, nein! Das tut mir leid!

Kapitel 12

Wortschatz

aus·drücken	to express	_____
die Bedeutung, -en	meaning	_____
die Überraschung, -en	surprise	_____
der Schmerz, -en	pain	_____
das Mitleid, -	compassion, empathy	_____
die Freude, -n	joy	_____
der Ekel, -	disgust	_____
obwohl	although	_____
verschieden	various	_____
anders	different	_____

CD 2
12

Aussprache

der Knacklaut [ʔ] – Vokal am Wortanfang / Silbenanfang

[ʔ] [ʔ]   [ʔ]   [ʔ]
Im August habe ich gearbeitet. = Im August habe ich gearbeitet.

Hören Sie zu und sprechen Sie nach.

Im August habe ich gearbeitet.
Ich esse einen Apfel.
Ja, aber ich esse Eis.
Oje, Anna ist immer in Eile.
Er isst gern ein Spiegelei zum Frühstück.

CD 2
13
12 Hören Sie zu und sprechen Sie nach.

[ʔ]	um Macht	an Herrn Nauer	beim Messen	zur Rente	Berliner Leben
[ʔ]	um Acht	an Herrn Auer	beim Essen	zur Ente	Berlin erleben

CD 2
14
13 Hören Sie zu und sprechen Sie nach. Markieren Sie die Knacklaute.

Sprichwort	Zungenbrecher
„Es ist alles in Butter."	„Acht alte Ameisen aßen am Abend Ananas."

Wortschatz

das Sprichwort, ö-er	idiom	_____
Es ist alles in Butter.	Everything is fine.	_____
der Zungenbrecher, -	tongue twister	_____
die Ameise, -n	ant	_____
die Ananas, -	pineapple	_____

Kapitel 12

Test

1 Ordnen Sie zu.

> Angst haben • traurig • glücklich

a   b   c

2 Ordnen Sie zu.

a	Er hat Angst,	1	weil du traurig bist.
b	Du weinst,	2	wenn sie glücklich ist.
c	Sie lacht viel,	3	weil er morgen eine Prüfung hat.
d	Er schreit,	4	weil er wütend ist.

3 Schreiben Sie Sätze.

a Wir spielen Tennis, / warm / es ist / wenn

_____

b Sie bleibt zu Hause, / kaputt / weil / ihr Auto / ist

_____

c Er ist glücklich, / tanzt / er / wenn

_____

d Ich hoffe, / schmeckt / der Wein / gut / dass

_____

4 Ergänzen Sie Pronomen.

dir • Ihnen • mir (2x)

a – Anna, wie geht es _____?
    – Es geht _____ schlecht.
    – Oje, Anna, das tut _____ leid.

b – Herr Müller, wie geht es _____?
    – Es geht mir gut, danke.

5 Ergänzen Sie Verben.

a Das Eis _____ dem Kind.

b Der Rock _____ mir nicht. Er ist zu groß.

c Das Ballet _____ mir. Es ist sehr schön.

6 Ergänzen Sie Nomen.

a Der Mann antwortet _____ (*die Frau*)

b Sie gratuliert _____ (*die Studentin*).

Punkte: _____ / 20   **Übung macht den Meister! Weiter so!**

Wohnen Sie allein?

In diesem Kapitel lernen Sie:

- Wortschatz: Wohnverhältnisse
- Adjektive im Dativ
- Präpositionen mit Dativ
- Wechselpräpositionen
- Aussprache: das deutsche *l*

▶ CD 2
15 **Dialog 1**

Wohnst du allein?

Drei Kollegen (Uwe, Katja und Max) treffen
sich im Café.

Uwe	Wohnst du allein, Katja?
Katja	Nein, ich wohne nicht allein. Ich wohne mit zwei netten Freunden in einer kleinen WG. Wir teilen das Bad und die Küche. Manchmal kochen wir zusammen. Wohnst du allein?
Uwe	Nein, ich wohne zusammen mit meiner Freundin in einer Zweizimmerwohnung. Als ich noch Student war, habe ich mit sieben Mitbewohnern in einem Studentenwohnheim gewohnt.
Katja	Wohnst du gern mit deiner Freundin zusammen?
Uwe	Ja, wir sehen uns jetzt viel mehr und meine Freundin ist auch sehr ordentlich.
Katja	Das ist gut. Meine Mitbewohner sind nett, aber sie räumen nie auf. Die Wohnung ist sehr schmutzig.
Uwe	Igitt! Das würde mir nicht gefallen.
Katja	Und du, Max, du wohnst noch bei deinen Eltern, oder?
Max	Ja, ich bin gerade aus dem Ausland zurückgekommen und habe hier noch keine Wohnung gefunden. Meine Eltern haben ein großes Haus und freuen sich, wenn ich in ihrer Nähe bin. Sie sind schon etwas älter und ich kann ihnen helfen.
Uwe	Und versteht ihr euch gut?
Max	Ja, wir verstehen uns sehr gut. Meine Eltern sind nett und ruhig. Und das Haus ist immer sauber. Nur mein Zimmer ist ein Chaos. Ich bin manchmal unordentlich …

1 Kreuzen Sie an.

	Uwe	Max	Katja	niemand
im Studentenwohnheim				
in einem Haus				
in einer WG				
allein				
in einer Zweizimmerwohnung				
mit Familie				
mit Freund / Freundin				
mit zwei Freunden				

Kapitel 13

Wortschatz

die WG, -s	shared flat, shared	_____
(die Wohngemeinschaft, -en)	appartment	_____
die Zweizimmerwohnung, -en	two-room flat, two-	_____
	room appartment	_____
als	when	_____
sich sehen	to see one another	_____
ordentlich	tidy	_____
der Mitbewohner, -	flatmate, roommate	_____
die Mitbewohnerin,-innen		_____
das Studentenwohnheim, -e	(student) hall of	_____
	residence	_____
auf·räumen	to tidy up	_____
schmutzig	dirty	_____
bei	at, with	_____
das Ausland	abroad	_____
zurück·kommen	to come back	_____
etwas älter sein	to be a bit older	_____
sich gut verstehen	to get on well (with	_____
	one another)	_____
das Chaos	chaos	_____
unordentlich	untidy	_____

▶ CD2 Hören
16

Wohnen Sie auch in der Stadt?

2 Frau Adler und Herr Bauer treffen sich in der S-Bahn. Sie beschreiben, wo sie wohnen. Hören Sie zu und kreuzen Sie an.

	Frau Adler	Herr Bauer
in einem Haus		
allein		
mit Familie		
in der Stadt		
in einer Wohnung		
auf dem Land		

Wortschatz

S-Bahn	surburban railway	_____
in der Stadt	in the city	_____
mitten	(in the) middle of	_____
auf dem Land	in the countryside	_____
liegen	to lie	_____
zentral	central(ly)	_____
am Waldrand	at the edge of the forest	_____

Dialog 2

Herr Bauer	Guten Morgen, Frau Adler! Sie fahren auch mit der S-Bahn zur Arbeit! Wohnen Sie in der Stadt?
Frau Adler	Ja, ich wohne mitten in der Stadt.
Herr Bauer	Ach, schön. Wohnen Sie allein?
Frau Adler	Ja, ich wohne allein in einer alten Wohnung. Die Wohnung liegt sehr zentral. Sie liegt direkt über einem Café. Ich fahre nur zehn Minuten mit der S-Bahn zur Arbeit.
Herr Bauer	Das ist sehr praktisch.
Frau Adler	Wohnen Sie auch in der Stadt?
Herr Bauer	Nein, ich wohne lieber auf dem Land. Ich wohne dort mit meiner Frau und meinen kleinen Kindern in einem Haus mit einem Garten. Das Haus liegt direkt am Waldrand. Es ist sehr grün und ruhig.
Frau Adler	Das ist schön!
Herr Bauer	Ja, aber ich sitze schon 40 Minuten in dieser S-Bahn …
Frau Adler	40 Minuten … Das ist eine lange Zeit!

3 Und jetzt Sie! Antworten Sie.

a Wo wohnen Sie? _____ .

b Wohnen Sie allein? _____ .

c Wie sind ihre Mitbewohner? _____ .

d Wohnen Sie lieber in der Stadt oder lieber auf dem Land? _____ .

Grammatik

1 Adjektive im Dativ

Nach einem Artikel bekommen Adjektive im Dativ die Endung **-en**.

Die Frau ist nett.   →   Er wohnt zusammen mit einer nett**en** Frau.

	Artikel	Adjektiv	Nomen
maskulin	dem einem	nett**en**	Mann
neutral	dem einem	nett**en**	Kind
feminin	der einer	nett**en**	Frau
Plural	den keinen	nett**en**	Kinder**n**

❶ Vergessen Sie nicht: Nomen im Plural und im Dativ haben **-(e)n** am Ende.

4 Ergänzen Sie.

Ich wohne zusammen mit zwei ___*netten*___ *(nett)* Freundinnen.

a Sie wohnt in einer _____ *(klein)* Wohnung.

b Sie wohnt in einer _____ *(schmutzig)* WG.

c Er wohnt in einem _____ *(alt)* Haus.

d Er wohnt in einem _____ *(groß)* Studentenwohnheim mit sieben

_____ *(ordentlich)* Mitbewohner__ .

e Er wohnt zusammen mit seiner _____ *(intelligent)* Frau, seinen

_____ *(klein)* Kinder__ und seinem _____ *(faul)* Hund.

f Sie wohnt in der _____ *(laut)* Stadt über einem _____ *(gut)*

Café.

g Er wohnt auf dem _____ *(grün, ruhig)* Land.

h Der junge Mann wohnt bei seinen Eltern in einem _____ *(sauber)* Haus.

2 Präpositionen mit Dativ

Die Präpositionen **bei**, **mit**, **nach**, **von** und **zu** haben immer den Dativ (→ Kapitel 10, S. 124). Auch die Präpositionen **aus** und **seit** haben immer den Dativ.

aus   Sie kommt **aus dem Haus.**

seit   Er arbeitet **seit einem Jahr** bei Siemens.

5 Ergänzen Sie die Präpositionen.

aus • bei • mit • nach • seit • von • zu

DIENSTAG • 08:50

Hallo Kate,

ich heiße Jürgen. Ich komme _____ Deutschland. Ich wohne in Regensburg.

Das ist nördlich _____ München. Ich wohne _____ zwei Freunden in einer

Wohnung. Ich arbeite _____ BMW. _____ zwei Jahren lerne ich Englisch. Ich

möchte nächstes Jahr _____ Australien fliegen. Wenn du Deutsch lernen willst,

kann ich dir gern helfen. Hilfst du mir, Englisch zu lernen? Okay, ich muss

jetzt ____r Arbeit fahren …

Liebe Grüße, Jürgen

3 Wechselpräpositionen: Akkusativ oder Dativ

Die folgenden neun Präpositionen können mit Dativ oder mit Akkusativ benutzt werden: **an, auf, hinter, in, neben, über, unter, vor, zwischen.**

- Wenn der Satz auf die Frage *Wo?* antwortet, wird die Präposition mit Dativ (x) verwendet.
- Wenn der Satz auf die Frage *Wohin?* antwortet, wird die Präposition mit Akkusativ (→) verwendet.

Akkusativ	Dativ
Wohin? (→)	Wo? (x)
Ziel	Ort

6 *Wo* oder *Wohin?* Antworten Sie.

a _____ ist der Käse?
– Der Käse ist auf dem Tisch.

b _____ geht die Maus?
– Die Maus geht auf den Tisch und frisst den Käse.

c _____ ist die Katze?
– Die Katze ist unter dem Tisch.

d _____ geht die Katze?
– Die Katze geht auf den Tisch und frisst die Maus.

	Akkusativ	Dativ
	Wohin?	Wo?
Verben	stellen	stehen
	legen	liegen
	setzen	sitzen
	hängen	hängen
	gehen	sein

Wortschatz

fressen	. . . .	to eat (*animal*)
stellen	. . . .	to place, to put
legen	. . . .	to lie, to put
setzen	. . . .	to sit, to put
hängen	. . . .	to hang

7 Ergänzen Sie den Artikel.

Akkusativ	Dativ
Sie *stellt* die Flasche auf **den** Tisch.	Die Flasche *steht* auf **dem** Tisch.
a Sie *legt* die Gabel auf _____ Tisch.	Die Gabel *liegt* auf _____ Tisch.
b Sie *setzt* die Katze auf _____ Sofa.	Die Katze *sitzt* auf _____ Sofa.
c Sie *hängt* den Schlüssel an _____ Wand.	Der Schlüssel *hängt* an _____ Wand.

Kapitel 13

8 Ergänzen Sie.

Akkusativ (Wohin?)	Dativ (Wo?)
Er stellt den Teller auf den Tisch.	Der Teller _steht_ auf _dem Tisch_ .
a Sie _____ das Messer neben_____ _____ .	Das Messer liegt neben dem Teller.
Sie setzt die Katze auf das Sofa.	**b** Die Katze _____ auf _____ _____ .
Sie hängt das Poster über das Bett.	**c** Das Poster _____ über_____ _____ .
d Wir gehen in _____ und wir trinken ein Bier.	Wir sind in der Kneipe und wir trinken ein Bier.
Wir gehen ins Kino.	**e** Wir sitzen _____ und schauen einen Film an.
Sie legt die Servietten auf den Tisch.	**f** Die Servietten _____ _____ .

> ❗ in das = ins / in dem = im   an das = ans / an dem = am

Wortschatz

der Teller, - . . . . plate
das Messer, - . . . . knife
die Gabel, -n . . . . fork
das Bild, -er . . . . picture
die Serviette, -n . . . . napkin

Lesen

Wohnungsanzeigen

Lesen Sie die Wohnungsanzeigen.

A

> **Berlin: Prenzlauer Berg, 1-Zi.-Wohnung**
> Voll möblierte 1-Zimmer-Wohnung zu
> vermieten. 48 qm. Kaltmiete: 545 €.
> Nebenkosten: 45 €. Viele Kneipen und
> Restaurants in der Nähe. Ab sofort.
> Ruf mich an: +49/30/7654321 Tobias

B

> *Berlin: Kreuzberg, WG (1 Frau, 3 Männer)*
> *Wir sind Peter (23), Niko (31), Steffi (24) und*
> *Uwe (20). Wir suchen eine neue, nette*
> *Mitbewohnerin. Das freie Zimmer ist ca.*
> *35 qm groß. Teilmöbliert. Balkon. Zentrale*
> *Lage! Gesamtmiete: 400 €*
> *Niko5@wgsuchen.de*

C

Wannsee: 2-Zi.-Ferienhaus mit Garten
Wannsee: 2-Zi.-Ferienhaus mit Garten Wohnen auf Zeit! 50 qm. Voll möbliert. Liegt am Wannsee in Zehlendorf. Ruhig und grün. 55 € pro Person pro Tag. www.hausferienamsee.de

Wortschatz

die 1-Zi.-Wohnung, -en	1-room flat, studio	_____
(Einzimmerwohnung)	apartment	_____
der Quadratmeter (qm)	square metre	_____
vermieten	to let, to rent out	_____
die Nebenkosten (*Pl.*)	additional costs	_____
	(e.g. heating)	_____
die Kaltmiete, -n	rent (*wörtl.*: cold rent i.e.	_____
	without additional costs)	_____
die Lage, -n	area	_____
der Balkon, -e	balcony	_____
möbliert (teil / voll)	furnished (partly /	_____
	completely)	_____
das Ferienhaus, ä-er	holiday house	_____
auf Zeit	temporary	_____

9 Ordnen Sie die Anzeigen **A**, **B**, **C** den Antworten zu.

a ☐ ein Ferienhaus

b ☐ ein Zimmer in einer Wohngemeinschaft

c ☐ eine Wohnung

10 Was ist die Gesamtmiete?

❶ Gesamtmiete = Kaltmiete + Nebenkosten

a für die Einzimmerwohnung: _____

b für das Zimmer in der WG: _____

c für das Ferienhaus: _____

Kapitel 13

11 Und jetzt Sie! Schreiben Sie eine Anzeige für Ihre Wohnung / Ihr Haus.

_____

_____

_____

ℹ Wohngemeinschaft

Eine WG ist eine Wohnung, die mehrere Personen miteinander teilen. Meistens hat man ein eigenes Zimmer und teilt das Bad und die Küche mit den Mitbewohnern. In Deutschland sind WGs sehr beliebt, weil man sich die Kosten für Strom, Wasser und Telefon mit anderen Personen teilen kann.

▶ CD 2 **Aussprache**
17

Das deutsche /

Das deutsche **/** spricht man im Inlaut, im Auslaut und im Anlaut sehr hell. Hören Sie zu und sprechen Sie nach.

Anlaut	Inlaut	Auslaut
Lampe	Teller	Schüssel
Licht	gelb	hell
Lara	Violine	dunkel
links	spielen	Löffel
lila	Schule	Kapitel
Liebe	teilen	Fußball

▶ CD 2 **12** Lesen Sie laut. Hören Sie dann zur Kontrolle.
18

Lara legt die Gabel neben den Teller.
Das Licht der Lampe ist hell.
Dunkelblau ist meine Lieblingsfarbe.
Er spielt leise Violine.

Zungenbrecher
„In Ulm und um Ulm und um Ulm herum."
„Blaukraut bleibt Blaukraut und Brautkleid bleibt Brautkleid."

Wortschatz

dunkelblau	dark blue	_____
leise	quietly	_____
um ... herum	around	_____
das Blaukraut, -	red cabbage	_____
das Brautkleid, -er	wedding dress	_____
bleiben	to remain, to stay	_____

Test

1 Was ist richtig?

a Er wohnt in …

☐ einem großen Haus.
☐ einem großer Haus.
☐ ein großes Haus.

b Sie wohnt in …

☐ eine alter Wohnung.
☐ einer alter Wohnung.
☐ einer alten Wohnung.

c Er wohnt mit …

☐ seinem Freundin zusammen.
☐ seiner netten Freundin zusammen.
☐ seinen netter Freundin zusammen.

2 Schreiben Sie die Präpositionen.

a _____

b _____

c _____

d _____

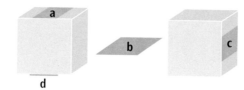

3 Was ist richtig?

a Sie **stellt / steht** den Teller auf den Tisch.
b Sie **setzt / sitzt** die Katze auf das Sofa.
c Das Papier **legt / liegt** auf dem Boden.

Punkte: ____ / 10   **Sehr gut!**

Kennen Sie sich hier aus?

In diesem Kapitel lernen Sie:

- Wortschatz: Wegbeschreibungen, Verkehrsmittel
- *Sie*-Imperativ
- Präpositionen
- Konjunktiv: höfliche Rede
- Aussprache: Abkürzungen

⊙ CD2 Dialog 1
19

Kennen Sie sich hier aus?

Herr Müller macht Mittagspause. Er sitzt auf
einer Parkbank. Er möchte seine Currywurst
mit Pommes essen.

Touristin 1	Entschuldigung! Kennen Sie sich hier aus?
Herr Müller	Ja, ich kenne mich hier gut aus.
Touristin 1	Könnten Sie mir bitte helfen? Ich suche das Technikmuseum.
Herr Müller	Ja, gern. Das Museum ist in der Nähe. Zuerst gehen Sie den Weg entlang bis zur Waldstraße. Biegen Sie rechts in die Waldstraße ein. Gehen Sie am Kino vorbei. Dann biegen Sie rechts in die Herderstraße ein. Das Museum ist gleich um die Ecke.
Touristin 1	Vielen Dank!
Herr Müller	Bitte schön. Auf Wiedersehen!

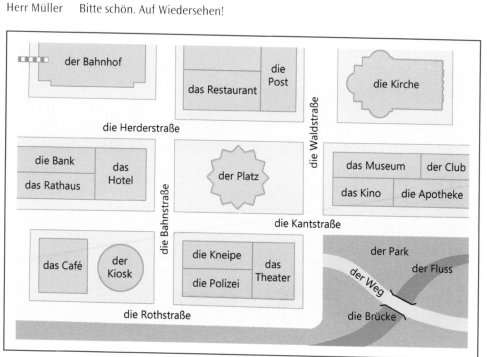

die Bahnstraße

der Bahnhof

das Restaurant   die Post

die Kirche

die Herderstraße

die Waldstraße

die Bank   das Hotel

das Rathaus

der Platz

das Museum   der Club

das Kino   die Apotheke

die Kantstraße

das Café   der Kiosk

die Kneipe   das Theater

die Polizei

der Park

der Fluss

der Weg

die Rothstraße

die Brücke

Kapitel 14

Herr Müller beginnt wieder seine Currywurst zu essen.

Touristin 2	Entschuldigen Sie! Würden Sie mir bitte sagen, wie ich zum Hauptbahnhof komme?
Herr Müller	Ja, gern. Zuerst gehen Sie über die Brücke. Dann gehen Sie die erste Straße rechts und die nächste Straße links. Gehen Sie am Platz vorbei. Dann biegen Sie rechts in die Bahnstraße ein. Gehen Sie geradeaus bis zum Bahnhof. Er liegt auf der linken Seite.
Touristin 2	Okay … über die Brücke, die erste Straße rechts und dann die nächste Straße links … und wie dann?
Herr Müller	Dann am Platz vorbei, rechts in die Bahnstraße, und geradeaus bis zum Bahnhof.
Touristin 2	Vielen Dank!
Herr Müller	Bitte schön!

Seine Currywurst wird kalt; Herr Müller versucht, sie weiter zu essen.

Tourist 3	Entschuldigung. Gibt es in der Nähe ein Café?
Herr Müller	Ja. Es gibt ein Café in der Nähe. Zuerst gehen Sie über die Brücke. Dann gehen Sie nach links den Fluss entlang. Gehen Sie am Kiosk vorbei. Dort ist das Café. Es ist in der Rothstraße.
Tourist 3	Danke schön!

Herr Müller isst seine Currywurst weiter.

Touristin 4	Entschuldigung! Kennen Sie sich hier aus?
Herr Müller	Nein, es tut mir leid. Ich bin auch Tourist …
Touristin 4	Danke. Lassen Sie es sich schmecken!
Herr Müller	Danke!

Herr Müller isst seine Currywurst mit Pommes auf.

1 Wohin möchte die Touristin / der Tourist? Ergänzen Sie.

> ins Café • ins Technikmuseum • zum Hauptbahnhof

a Touristin 1: Sie möchte _____ gehen.

b Touristin 2: Sie möchte _____ gehen.

c Tourist 3: Er möchte _____ gehen.

2 Ordnen Sie die Sätze den passenden Bildern zu.

a   b   c   d

___ Gehen Sie über die Brücke.   ___ Gehen Sie geradeaus.

___ Biegen Sie links in die Waldstraße ein.   ___ Gehen Sie am Kino vorbei.

Kapitel 14

Wortschatz

Kennen Sie sich hier aus?	Do you know your way around here?
sich aus·kennen	to know one's way around
könnten	*conditional of* können
das Technikmuseum	technical museum
das Museum, Museen	museum
entlang	along
bis	until, up to
ein·biegen	to turn into
an ... vorbei	past (something)
vorbei	past
rechts	right
gleich	immediately
um die Ecke	round the corner
der Bahnhof, ö-e	train station
die Ecke, -n	corner
die Post, -	post office
die Kirche, -n	church
die Bank, -en	bank
das Rathaus, ä-er	town / city hall
das Hotel, -s	hotel
der Platz, ä-e	square
die Apotheke, -n	pharmacy
der Kiosk, -e	kiosk
der Weg, -e	path
die Brücke, -n	bridge
der Fluss, ü-e	river
der Park, -s	park
der Hauptbahnhof	main train station
die erste / nächste Straße	first / next street
die Straße, -n	street
links	left
geradeaus	straight on
auf der ... Seite	on the ... side
der Tourist, -en	tourist
Lassen Sie es sich schmecken!	Enjoy your meal!

Kapitel 14

⏵ CD 2
20 **Hören**

Wohin gehen wir jetzt?

3 Herr und Frau Schneider besprechen, wo sie jetzt hingehen sollen. Wo sind sie gerade?

☐ im Kino   ☐ im Café   ☐ im Restaurant   ☐ im Hauptbahnhof

4 Wohin möchten Herr und Frau Schneider gehen?

☐ ins Kino   ☐ ins Café   ☐ ins Restaurant   ☐ zum Hauptbahnhof

5 Beschreiben Sie den Weg. Ordnen Sie (1–6).

1	Gehen Sie aus dem Restaurant.		☐ Biegen Sie links in die Herderstraße ein.
☐	Gehen Sie am Platz vorbei.		☐ Biegen Sie rechts in die Waldstraße ein.
☐	Da ist das …		☐ Dann biegen Sie links in die Kantstraße ein.

Wortschatz

nach Hause	· · · · · · · · · · ·	to go home, towards home
da	· · · · · · · · · · · · · ·	there
nach dem Weg fragen	· · · · ·	to ask the way
Das stimmt.	· · · · · · · · · · ·	That's right.
noch nicht	· · · · · · · · · · ·	no yet
an·sehen	· · · · · · · · · · · · ·	to watch
die Bühne, -n	· · · · · · · · · · ·	stage

Dialog 2

Herr Schneider	Mmm … Das Essen war sehr lecker.
Frau Schneider	Ja, das finde ich auch.
Herr Schneider	Und was machen wir jetzt? Ich will noch nicht nach Hause gehen.
Frau Schneider	Ich möchte gern einen Film ansehen.
Herr Schneider	Ja, das möchte ich auch. Gibt es ein Kino in der Nähe?
Frau Schneider	Ich frage den Kellner nach dem Weg.
Frau Schneider	Entschuldigung. Kennen Sie sich hier in der Stadt aus?
Kellner	Ja, wie kann ich Ihnen helfen?
Frau Schneider	Wir möchten einen Film ansehen. Gibt es ein Kino in der Nähe?
Kellner	Ja, es gibt ein Kino in der Nähe. Wenn Sie aus dem Restaurant kommen, biegen Sie links in die Herderstraße ein. Gehen Sie am Platz vorbei. Dann gehen Sie rechts in die Waldstraße und dann biegen Sie links in die Kantstraße ein. Da ist das Kino.
Frau Schneider	Okay … links in die Herderstraße, am Platz vorbei, rechts in die Waldstraße und dann links in die Kantstraße. Ist das richtig?
Kellner	Ja, das stimmt. Das Kino heißt „Filmbühne".
Frau Schneider	„Filmbühne". Vielen Dank!
Kellner	Bitte sehr!

6 Was findet man in der Stadt? Füllen Sie das Kreuzworträtsel aus.

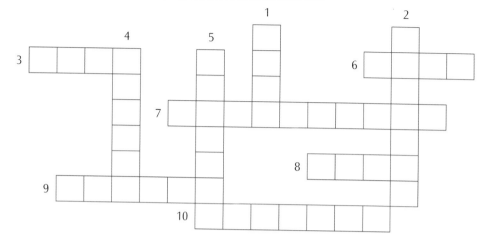

Waagerecht
3 Hier gibt es Geld. *(f)*
6 Hier trinkt man Kaffee. *(n)*
7 Hier isst man. *(n)*
8 Hier sieht man einen Film an. *(n)*
9 Hier trinkt man ein Bier. *(f)*
10 Hier arbeitet der Bürgermeister. *(n)*

Senkrecht
1 Hier schickt man einen Brief ab. *(f)*
2 Hier fährt man mit dem Zug. *(m)*
4 Ist oft katholisch oder evangelisch. *(f)*
5 Hier sieht man ein Theaterstück an. *(n)*

Wortschatz

das Geld . . . . money	
der Brief, -e . . . . letter	
ab·schicken . . . . to send	
das Theaterstück, -e . . . . play	
der Bürgermeister, - . . . . mayor	

7 Wechselpräposition *in*: Schreiben Sie Sätze.

	Wohin gehen sie? → Akkusativ
a Jürgen und Maria haben Hunger.	*Sie gehen ins Restaurant.*
b Herr Schneider hat Durst.	
c Julia will tanzen gehen.	
d Sie wollen einen Film ansehen.	
	Wo sind sie? → Dativ
e Sie sehen ein Theaterstück an.	*Sie sind im Theater.*
f Herr Schneider trinkt ein Bier.	
g Wir trinken Kaffee.	
h Julia tanzt.	

Kapitel 14

8 Präposition *mit*: Schauen Sie sich die Beispiele an und ergänzen Sie den Artikel.

    zu Fuß

Entschuldigen Sie! Wie komme ich zum Bahnhof?
– Zu Fuß ist das zu weit! Fahren Sie lieber mit **dem** Bus. (→ *mit* + Dativ)

der Bus	*die Straßenbahn*	*das Auto*	*das Flugzeug*
mit ___dem___ Bus	mit ___der___ Straßen-	mit _____ Auto	mit _____ Flugzeug
	bahn		

das Fahrrad	*das Taxi*	*die U-Bahn*	*der Zug*
mit _____ Fahrrad	mit _____ Taxi	mit _____ U-Bahn	mit _____ Zug

Mit welchem Verkehrsmittel fahren Sie am liebsten?
– Ich fahre am liebsten _____.

Grammatik

1 Der Imperativ

Der *Sie*-Imperativ ist die formelle Form.

Mit dem Imperativ kann man:
- den Weg beschreiben
- Aufforderungen machen
- Vorschläge machen

Das Verb steht auf Position 1   Sie   Verb
Das Subjekt auf Position 2

Infinitiv	*Sie*-Form (Präsens)	→	*Sie*-Imperativ
gehen	Sie gehen über die Brücke.	→	Gehen Sie über die Brücke!
einbiegen	Sie biegen rechts in die Straße ein.	→	Biegen Sie rechts in die Straße ein!
helfen	Sie helfen mir.	→	Helfen Sie mir!
kommen	Sie kommen.	→	Kommen Sie!

9 Machen Sie Herrn und Frau Schneider Vorschläge. Ordnen Sie zu.

a	Herr Schneider hat Durst und trinkt ein Bier.	1	Gehen Sie ins Restaurant!
b	Frau Schneider ist müde und sieht fern.	2	Fahren Sie langsamer!
c	Frau Schneider hat Hunger und will nicht kochen.	3	Gehen Sie doch ins Bett!
d	Herr Schneider fährt zu schnell auf der Autobahn.	4	Trinken Sie lieber Wasser!

10 Beschreiben Sie den Weg. Benutzen Sie den Imperativ.

an … vorbei (Dat.)	die Kirche *Gehen Sie an der* _____ *Kirche vorbei.* _____	**geradeaus**	_____ _____ .
bis zu … (Dat.)	das Rathaus _____ _____ .	**(nach) links**	die Straße _____ _____ .
über … (Akk.)	die Brücke _____ _____ .	**(nach) rechts**	die Straße _____ _____ .
… entlang (Akk.)	die Straße _____ _____ .	**um die Ecke** (Akk.)	die Ecke _____ _____ .

11 Herr Schneider ist am Bahnhof. Er möchte mit Freunden in die Kneipe ein Bier trinken gehen. Korrigieren Sie die Wegbeschreibung. (Sehen Sie sich den Stadtplan an – S. 163.)

a Biegen Sie ~~rechts~~ in die Herderstraße ein.

links _____

b Gehen Sie geradeaus bis zur Waldstraße.

_____

c Biegen Sie links in die Bahnstraße ein.

_____

d Gehen Sie an der Kirche vorbei.

_____

e Gehen Sie links über die Brücke.

_____

f Die Kneipe liegt auf der linken Seite.

_____

Kapitel 14

2 Höfliche Bitte

Wenn Sie jemanden höflich bitten, benutzen Sie das Verb „könnten" oder „würden" und den Infinitiv.

Unhöflich ☹! (kein Verb!)	höflich ☺! (Imperativ + *bitte*!)	sehr höflich ☺? (Könnten / Würden + *bitte* + Infinitiv?)
Zwei Wasser!	Bringen Sie uns bitte zwei Wasser!	Würden Sie uns bitte zwei Wasser bringen?
Fenster zu!	Machen Sie bitte das Fenster zu!	Könnten Sie bitte das Fenster zumachen?
Musik leiser!	Stellen Sie bitte die Musik leiser!	Würden Sie bitte die Musik leiser stellen?
Hilfe!	Bitte, helfen Sie mir!	Könnten Sie mir bitte helfen?

12 Bitten Sie sehr höflich.

a Fahren Sie schneller! _____ ?

b Sprechen Sie langsamer! _____ ?

c Geben Sie mir das Buch! _____ ?

d Sagen Sie mir, wo der Bahnhof ist! _____, wo der Bahnhof ist?

Lesen

Das deutsche Verkehrssystem

Pro Jahr sind in Deutschland über 2 Milliarden Menschen mit öffentlichen Verkehrsmitteln unterwegs. Dazu gehören Bus, Zug, U-Bahn und S-Bahn sowie Straßenbahn.

In Deutschland ist die Deutsche Bahn für den Zugverkehr verantwortlich. Seltener nutzen die Deutschen den Reisebus, um von A nach B zu fahren. In Deutschland werden die Autobahnen und Straßennetze sowie der Service der Deutschen Bahn bevorzugt.

Wichtig ist es, immer das Ticket für die Fahrt vorher am Bahnsteig oder am Ticketschalter zu kaufen. Falls Sie ohne gültige Fahrkarte reisen, müssen Sie 40 € bezahlen.

Wortschatz

das Verkehrssystem	transport system
unterwegs	out and about
die öffentlichen	
Verkehrmittel (*Pl.*)	public transport
sowie	as well as
verantwortlich	responsible
selten	seldom, rarely
der Reisebus, -se	coach
bevorzugen	to prefer
gültig	valid

13 Lesen Sie den Text und beantworten Sie die Fragen.

a In Deutschland nutzen pro Jahr über _____ Menschen die öffentlichen Verkehrsmittel.

b Wer ist für den Zugverkehr verantwortlich? _____

c Das Reisen ohne gültigen Fahrkarte kostet _____ €.

14 Welche Verkehrsmittel sind öffentlich? Kreuzen Sie an.

- Zug
- Auto
- U-Bahn
- Straßenbahn
- Fahrrad
- S-Bahn
- Bus

▶ CD2 **Aussprache**
21

Abkürzungen

Wie in vielen Sprachen werden auch im Deutschen Abkürzungen verwendet. Meistens wird die letzte Silbe betont. Hören Sie zu und sprechen Sie nach.

Autos und Verkehr		
BMW	**B**ayerische **M**otoren**w**erke	Sie kauft einen neuen BMW.
VW	**V**olks**w**agen	Er fährt einen alten VW.
ADAC	**A**llgemeiner **D**eutscher **A**utomobil**c**lub	Wenn man eine Panne hat, ruft man den ADAC an.

Politische Parteien	
CDU/CSU	**C**hristlich-**D**emokratische **U**nion / **C**hristlich-**S**oziale **U**nion
SPD	**S**ozialdemokratische **P**artei **D**eutschlands
FDP	**F**reie **D**emokratische **P**artei

Verbände	
EU	**E**uropäische **U**nion

⊘ NATO   Organisation des Nordatlantikvertrags (**N**orth **A**tlantic **T**reaty **O**rganization)
  UNO   Vereinte Nationen (**U**nited **N**ations **O**rganization)

Manche Abkürzungen werden nicht als Buchstaben gesprochen, sondern als kleine Wörter. Die erste Silbe wird dann betont.

Wortschatz		
bayrisch	Bavarian	_____
allgemein	general	_____
die Panne, -n	break down (*car etc.*)	_____
die Partei, -en	party, group	_____
der Verband, ä-e	organization	_____

▶ CD2 **15** Was sind die Abkürzungen? Hören Sie zu.
22

Länder:

a _____ Bundesrepublik Deutschland

b _____ Deutsche Demokratische Republik

c _____ Vereinigte Staaten von Amerika (United States of America)

Test

1 Verbinden Sie die Sätze mit den Bildern.

a   **b**   **c**   **d**

___ Gehen Sie über die Straße.   ___ Biegen Sie rechts in die Kantstraße ein.

___ Gehen Sie geradeaus.   ___ Gehen Sie an der Kirche vorbei.

2 Ergänzen Sie: *dem* oder *der*.

a Sie fährt mit _____ Fahrrad zur Arbeit.

b Er fährt mit _____ Taxi zum Bahnhof.

c Sie fährt mit _____ U-Bahn nach Hause.

3 Wohin gehen Sie, …

a wenn Sie tanzen wollen? – Ich gehe _____ .

b wenn Sie etwas essen wollen? – Ich gehe _____ .

c wenn Sie Kaffee trinken wollen? – Ich gehe _____ .

4 Bitten Sie sehr höflich.

a Helfen Sie mir! → _____ ?

b Bringen Sie uns zwei Glas Wasser → _____ ?

Punkte: _____ /12   **Gehen Sie weiter!**

Kapitel 14

Wie geht es Ihnen?

In diesem Kapitel lernen Sie:

- Wortschatz: Körper, Gesundheit und Krankheit

- der Tagesablauf

- reflexive Verben und Pronomen

- *du*-Imperativ, *ihr*-Imperativ

- Aussprache: *s*

▶ CD 2 **Dialog 1**
  23

Geht es dir nicht gut?

Sofie ist gerade von der Arbeit nach Hause gekommen.
Sie sieht krank aus.

Markus	Sofie, du siehst aber schlecht aus. Fühlst du dich nicht gut? Du schwitzt ja.
Sofie	Mein ganzer Körper tut mir weh. Der Kopf, der Bauch, der Hals, alles tut mir weh.
Markus	Oje! Kopfschmerzen, Bauchschmerzen und Halsschmerzen. Vielleicht hast du Grippe. Hast du auch Fieber? Komm, lass uns mal Fieber messen. 38.8 Grad …! Ja, du hast Fieber.
Sofie	Komm mir lieber nicht zu nah. Ich will dich nicht anstecken.
Markus	Keine Sorge. Ich bleibe gesund.
Sofie	Ich bin so müde.
Markus	Leg dich ins Bett. Ich rufe jetzt den Arzt an.

1 Richtig (**R**) oder falsch (**F**)?

a ☐ Sofie sieht gut aus.

b ☐ Sofie hat Kopfschmerzen, Bauchschmerzen und Halsschmerzen.

c ☐ Sofie hat kein Fieber.

d ☐ Markus hat Grippe.

e ☐ Sofie hat viel Energie.

▶ CD 2 **Dialog 2**
  24

Haben Sie sich erkältet?

Albert Müller hat sich erkältet, aber er geht zur Arbeit.
Er begegnet Johanna Adler.

Albert Müller	*(niest)*
Johanna Adler	Gesundheit! Herr Müller, Sie sehen gar nicht gut aus. Haben Sie sich erkältet?
Albert Müller	Ja, aber es ist nichts Schlimmes. Ich habe Schnupfen und bin müde. *(niest)* Und ich niese viel …
Johanna Adler	Gehen Sie lieber nach Hause und ruhen Sie sich aus.
Albert Müller	Ja, Sie haben recht. Ich glaube, ich muss den Termin mit meinem Geschäftspartner heute um 16 Uhr absagen. Oder können Sie mich vielleicht vertreten?
Johanna Adler	Nein, leider habe ich keine Zeit.

Albert Müller ruft seinen Geschäftspartner an, um den Termin abzusagen.

Albert Müller	Guten Tag, Herr Schuster. Leider muss ich unseren Termin heute Nachmittag absagen. Es tut mir leid, dass ich Ihnen jetzt erst Bescheid sage. Ich bin krank und kann nicht zu unserem Treffen kommen.
Moritz Schuster	Hallo, Herr Müller. Das ist kein Problem. Dann verschieben wir den Termin einfach auf nächste Woche Mittwoch, 16 Uhr. Ist das in Ordnung?
Albert Müller	Ja, das passt gut. Bis nächste Woche.
Moritz Schuster	Bis nächste Woche und gute Besserung!

2 Welche Symptome hat Albert Müller?

☐ Schnupfen	☐ Kopfschmerzen	☐ Fieber
☐ Niesen	☐ Halsschmerzen	☐ Bauchschmerzen

Wortschatz

sich fühlen	to feel	_____
schwitzen	to sweat	_____
der Körper, -	body	_____
weh·tun	to hurt	_____
der Kopf, ö-e	head	_____
der Bauch, ä-e	stomach	_____
der Hals, ä-e	throat	_____
die Kopf-/Bauch-/		
Halsschmerzen, -	headache/stomachache/	_____
	sore throat	_____
der Schmerz, -en	pain	_____
die Grippe, -n	flu	_____
das Fieber, -	temperature	_____
messen	measure	_____
nah	close	_____
an·stecken	to infect	_____
Keine Sorge.	Don't worry.	_____
sich legen	to lie down	_____
niesen	to sneeze	_____
sich erkälten	to catch a cold	_____
nichts	nothing	_____
schlimm	bad	_____
der Schnupfen, -	cold (illness)	_____
müde	tired	_____
sich aus·ruhen	to rest	_____
der Geschäftspartner, -	business partner	_____
ab·sagen	to cancel	_____
vertreten	to stand in for,	_____
	to substitute	_____
Bescheid sagen	to let someone know	_____
krank	ill, sick	_____
verschieben	to postpone	_____
Ist das in Ordnung?	Is that alright?	_____
Gute Besserung!	Get well soon!	_____

▶ CD2 **Hören**
25

In der Arztpraxis

3 Albert besucht seine Ärztin. Wo hat er Schmerzen?

▢ Der Rücken tut ihm weh.
▢ Der Hals tut ihm weh.
▢ Der Kopf tut ihm weh.
▢ Der Bauch tut ihm weh.

4 Was darf er *nicht* machen?

▢ sich ins Bett legen
▢ zu Hause bleiben
▢ viel Tee trinken
▢ arbeiten

5 Wer sagt das? Albert Müller (**AM**) oder die Ärztin (**Ä**)?

a ▢ „Wie fühlen Sie sich?"

b ▢ „Legen Sie sich ins Bett."

c ▢ „Darf ich arbeiten?"

d ▢ „Der Hals tut mir sehr weh."

e ▢ „Ich muss viel husten und niesen."

f ▢ „Trinken Sie viel Tee."

g ▢ „Die Krankheit ist ansteckend."

h ▢ „Aber ich habe so viel Arbeit!"

Wortschatz

husten	to cough	_____
die Allergie, -n	allergy	_____
allergisch	allergic	_____
auf·machen	to open	_____
der Mund, ü-er	mouth	_____
entzündet	inflamed	_____
eine Entzündung, -en	inflammation	_____
das Rezept, -e	prescription	_____
das Medikament, -e	medicine, medication	_____
ansteckend	infectious	_____
krank·schreiben	to sign off ill (*from work, school, etc.*), report in sick	_____
die Praxis, Praxen	practice	

Dialog 3

Dr. Stein	Guten Tag, Herr Müller!
Albert Müller	Guten Tag, Frau Stein!
Dr. Stein	Wie fühlen Sie sich?
Albert Müller	Ich fühle mich nicht gut. Der Hals tut mir sehr weh. Ich muss viel husten und niesen.
Dr. Stein	Haben Sie Allergien?
Albert Müller	Nein, ich bin nicht allergisch.
Dr. Stein	Machen Sie mal den Mund auf und sagen Sie bitte „Ahh!"
Albert Müller	Ahh!
Dr. Stein	Ja, Ihr Hals ist ganz entzündet. Sie haben eine Halsentzündung. Sie müssen sich ausruhen. Ich schreibe Ihnen ein Rezept für ein Medikament. Nehmen Sie dieses Medikament zweimal am Tag.

Albert Müller	Darf ich arbeiten gehen?
Dr. Stein	Nein, Sie dürfen nicht zur Arbeit gehen. Die Halsentzündung ist ansteckend. Ich schreibe Sie zwei Tage krank.
Albert Müller	Aber ich habe so viel Arbeit!
Dr. Stein	Herr Müller, Sie müssen sich ausruhen! Gehen Sie nach Hause, legen Sie sich ins Bett und trinken Sie viel Tee. Wenn Sie in einer Woche nicht wieder gesund sind, kommen Sie noch mal hier in der Praxis vorbei.
Albert Müller	In Ordnung, vielen Dank!

Der Körper

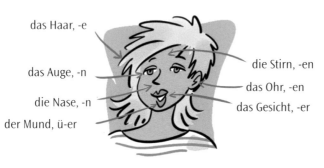

der Kopf, ö-e

das Haar, -e

die Stirn, -en

das Auge, -n

das Ohr, -en

die Nase, -n

das Gesicht, -er

der Mund, ü-er

der Körper, -

das Kinn

die Stirn, -en

der Zahn, ä-e

der Hals, ä-e

die Hand, ä-e

die Brust, ü-e

der Arm, -e

der Bauch, ä-e

der Finger, -

das Knie, -

das Bein, -e

der Fuß, ü-e   der Zeh, -en

Kapitel 15

6 Ergänzen Sie im Singular oder Plural.

Der Mensch hat Haare auf dem _____ (a). Am Kopf sind zwei _____ (b). Im

Gesicht sind zwei _____ (c), eine _____ (d) und ein _____

(e). Die _____ (f) sind im Mund. Arme und _____ (g) sind Glieder. An den

Schultern sind _____ (h). An den Armen sind _____ (i). Jede Hand hat

fünf _____ . (j) An den Beinen sind die _____ (k). Jeder Fuß hat fünf

_____ (l).

Wortschatz

das Glied, -er . . . . limb _____

7 Ordnen Sie zu.

a	Womit riecht man schöne Blumen?	1	mit den Ohren
b	Womit hört man Musik?	2	mit den Augen
c	Womit sieht man einen Film an?	3	mit den Füßen
d	Womit isst und spricht man?	4	mit dem Mund
e	Womit spielt man Fußball?	5	mit der Nase

Wortschatz

riechen . . . . to smell _____
die Blume, -n . . . . flower _____

8 Ergänzen Sie die fehlenden Körperteile.

a Auf dem _____ trägt man einen Hut.

b An den _____ trägt man Handschuhe.

c An den _____ trägt man Socken.

d An den _____ trägt man eine Hose.

e Vor den _____ trägt man eine Sonnenbrille.

9 Ergänzen Sie.

Der Rücken tut mir weh. → *Ich habe Rückenschmerzen.* _____

a Der Hals tut mir weh. → _____ .

b Die Ohren tun mir weh. → _____ .

c _____ . → Ich habe Kopfschmerzen.

d _____ . → Ich habe Bauchschmerzen.

e Der Zahn tut mir weh. → _____ .

Grammatik

1 Reflexive Verben und Pronomen

Das Verb ist reflexiv, wenn das Subjekt auch das Objekt ist.

Subjekt → Objekt (reflexiv)

Ich wasche den Hund.   **Ich** wasche mich.   **Ich** wasche *mir* die Haare.

Hier sind die reflexiven Pronomen im Akkusativ und im Dativ.

	Akk.	**Dat.**
ich	mich	mir
du	dich	dir
er / sie / es	sich	sich
wir	uns	uns
ihr	euch	euch
sie / Sie	sich	sich

10 Bilden Sie Sätze.

Ich / putzen / die Zähne. → *Ich putze mir die Zähne.*

a wir / waschen / die Hände → _____.

b ihr / aus·ruhen → _____.

c er / verletzen → _____.

d ich / fühlen / nicht gut → _____.

e Richard / erkälten → _____.

f Katharina / schminken → _____.

g meine Freundin / duschen → _____.

h mein Freund / rasieren / im Gesicht → _____.

i er / anziehen / das Hemd → _____.

j sie / ausziehen / die Jacke → _____.

k wir / fühlen / gut → _____.

Wortschatz

sich waschen	to wash oneself	_____
sich die Zähne putzen	to clean one's teeth	_____
sich verletzen	to hurt oneself,	_____
	to injure oneself	_____
sich schminken	to put one's make up on	_____
sich duschen	to shower	_____
sich rasieren	to shave	_____
sich an·ziehen	to put on (*clothes*)	_____
sich aus·ziehen	to take off (*clothes*)	_____

11 Routine am Morgen: Ergänzen Sie *mir* oder *mich*.

Morgens stehe ich früh auf. Zuerst dusche ich _____. Dann putze ich _____ die Zähne.

Ich ziehe _____ an und danach schminke ich _____ das Gesicht. Bevor ich zur Arbeit

fahre, ruhe ich _____ bei einer Tasse Kaffee aus und lese die Zeitung.

12 Und jetzt Sie! Was machen Sie morgens? Markieren und nummerieren Sie.

☐	die Zeitung lesen	☐	zur Uni gehen
☐	aufwachen	☐	zur Arbeit gehen
☐	aufstehen	☐	den Hund / die Katze füttern
☐	E-Mails lesen	☐	sich anziehen
☐	sich duschen	☐	sich ausziehen
☐	sich abtrocknen	☐	frühstücken
☐	sich das Gesicht waschen	☐	das Bett machen
☐	sich die Haare waschen	☐	Musik hören
☐	sich die Zähne putzen	☐	sich schminken

Wortschatz

auf·stehen	to get up	_____
sich ab·trocknen	to dry oneself	_____
füttern	to feed (animal)	_____
frühstücken	to breakfast	_____

13 Beschreiben Sie Ihre Routine am Morgen.

Position 1	Position 2	Position 3, 4, …
Zuerst …	wache	ich auf.
Dann …	dusche	ich mich.
Danach …		
Zum Schluss …		

Kapitel 15

2 Imperativ: *du* und *ihr*

A du-Imperativ (informell, Singular)

Bilden Sie die du-Form → *Du kommst.*
Streichen Sie *du* und die Endung *(s)t* → *Komm!*

Infinitiv	du-Form (Präsens)	kein *du* oder *(s)t*	du-Imperativ
kommen	Du kommst.	~~Du~~ komm~~st~~.	Komm!
machen	Du machst eine Pause.	~~Du~~ mach~~st~~ eine Pause.	Mach eine Pause!
fernsehen	Du siehst (nicht so viel) fern.	~~Du~~ sieh~~st~~ (nicht so viel) fern.	Sieh (nicht so viel) fern!
helfen	Du hilfst mir.	~~Du~~ hilf~~st~~ mir.	Hilf mir!

❶ Einige Verben haben eine unregelmäßige Bildung. Zum Beispiel:

Infinitiv	du-Form (Präsens)	kein *du* oder *(s)t*	du-Imperativ
lesen	Du liest das Buch.	~~Du~~ liest das Buch.	Lies das Buch!
fahren	Du fährst nach Hamburg.	~~Du~~ fähr~~st~~ nach Hamburg.	Fahr nach Hamburg!
schlafen	Du schläfst nicht.	~~Du~~ schläf~~st~~ nicht.	Schlaf nicht!
sein	Du bist ruhig.	~~Du~~ bist ruhig.	Sei ruhig!

- Wenn der Stamm auf *s* oder *ß* endet, steht das *s* oder *ß* noch im Imperativ.

- Bei Verben wie *fahren* oder *schlafen* lassen Sie den Umlaut im Imperativ weg.

- Das Verb *sein* hat eine besondere Bildung, wenn es im Imperativ steht: *sei, seid, seien Sie.*

B ihr-Imperativ (informell, Plural)

Bilden Sie die ihr-Form. → *Ihr kommt.*
Streichen Sie *ihr.* → *Kommt!*

Infinitiv	ihr-Form (Präsens)	kein *ihr*	ihr-Imperativ
kommen	Ihr kommt.	~~Ihr~~ kommt.	Kommt!
machen	Ihr macht eine Pause.	~~Ihr~~ macht eine Pause.	Macht eine Pause!
fernsehen	Ihr seht (nicht so viel) fern.	~~Ihr~~ seht (nicht so viel) fern.	Seht (nicht so viel) fern!
helfen	Ihr helft mir.	~~Ihr~~ helft mir.	Helft mir!

14 Schreiben Sie Imperativsätze für Ihre Freunde.

a Manfred: Ihm tun die Augen weh. *(eine Computerpause machen)*

_____!

b Alexander: Er hat Rückenschmerzen. *(nicht so lange auf dem Sofa sitzen)*

_____!

c Uwe und Sofie: Ihnen tun die Füße weh. *(neue Laufschuhe kaufen)*

_____!

d Karoline und Tobias: Sie haben Bauchschmerzen. *(nicht so viel Schokolade essen)*

_____!

e Eva: Sie hat Ohrenschmerzen. *(nicht so laute Musik hören)*

_____!

f Julian: Sein Hals tut ihm weh. *(nicht so viel schreien)*

_____!

Lesen

Sprache ohne Wörter

Wenn Menschen sich treffen, kommunizieren sie nicht nur mit Wörtern, sondern auch mit dem Körper. Wenn der Mensch den Körper bewegt, um seine Sprache zu unterstützen, heißt es *Gestik*. Zum Beispiel zeigt man mit dem Zeigefinger und bezeichnet dadurch einen bestimmten Gegenstand. Manchmal kann aber eine Geste ganz ohne die Sprache eine Bedeutung mitteilen. Diese Gesten heißen *Embleme*. Aber man muss aufpassen, denn eine Geste kann in einem Land eine ganz andere Bedeutung haben als in anderen Ländern.

Körper	Bedeutung
a Man drückt die Daumen.	Ich wünsche dir viel Glück! Hoffentlich klappt es.
b Man fasst sich mit der Hand an die Stirn.	Natürlich! Das ist doch klar! Jetzt verstehe ich es!
c Man tippt mit dem Zeigefinger an die Stirn.	Jemand ist verrückt. Jemand ist nicht so klug.
d Daumen hoch!	Alles ist in Ordnung. Prima.

Wortschatz

bewegen	to move	
unterstützen	to support	
der Zeigefinger, -	index finger	
bezeichnen	to call, to identify	
bestimmt	specific	
der Gegenstand, ä-e	object	
die Geste, -n	gesture	
mitteilen	to convey	
der Daumen, -	thumb	
drücken	to press, to push	
klappen	to work out	
fassen	to grasp	
tippen	to tap	

15 Sie wünschen einem Freund viel Glück. Welche Geste machen Sie? Kreuzen Sie an.

a ▢   b ▢   c ▢   d ▢

16 Viele deutsche Redewendungen benutzen Körperteile. Können Sie die Redewendungen den Bedeutungen zuordnen?

a	Darf ich mit Ihnen unter vier Augen sprechen?	1	Das ist kompliziert. Ich kann nicht mehr denken.
b	Mir raucht der Kopf.	2	Können wir privat miteinander reden?
c	Ich drücke dir die Daumen.	3	Sie ist eine sehr energische Frau.
d	Sie hat Haare auf den Zähnen.	4	Das nervt mich. Das ist zu viel!
e	Ich habe die Nase voll.	5	Ich wünsche dir viel Glück.

→ Begleitbuch, S. 30

▶ CD 2
26   **Aussprache**

s

Hören Sie zu und sprechen Sie nach.

Stimmhaftes „S" (im Anlaut oder vor einem Vokal)	Stimmloses „S" (im Auslaut oder vor einem Konsonanten)	„sp / st" = *sch* (z. B. vor „t" oder „p" im Anlaut) → Kapitel 2
sich	das Eis	Strudel
Sie	das Glas	stark
Sonne	heiß	Sport
super	weiß	sprechen
Suppe	Husten	Stunde
sieben	hast	gespielt

CD 2
27

17 Hören Sie zu und sprechen Sie nach. Markieren Sie dann die Wörter mit „s" und ordnen Sie sie in die Tabelle ein.

a Sagen Sie, sind Sie gesund? Fühlen Sie sich schlecht? Haben Sie Husten?
b Hast du Schnupfen? Hast du Hustensaft getrunken? Hast du die Suppe gegessen?
c Essen Sie Strudel zum Nachtisch? Das Eis ist super.
d Sie sind zu spät. Sie haben die S-Bahn verpasst.

stimmhaft	stimmlos	„sp/st" = *sch*

Test

1 Ergänzen Sie.

a 38.8 Grad! Sie haben _____ .

b Der Rücken tut mir weh. Ich habe _____ .

c Mein Hals ist ganz rot. Ich habe _____ .

2 Ordnen Sie zu.

a	Mit den Füßen	1	hört man Musik.
b	Mit den Ohren	2	riecht man schöne Blumen.
c	Mit den Augen	3	spielt man Fußball.
d	Mit der Nase	4	sieht man einen Film an.

3 Fordern Sie Ihre Freundin auf!

a Ihre Augen tun weh. *(nicht so viel fernsehen)*

_____ !

b Ihre Ohren tun weh. *(die Musik leiser machen)*

_____ !

c Sie hat Husten! *(Hustensaft trinken)*

_____ !

Wortschatz

der Hustensaft, ä-e . . . . cough syrup _____

Punkte: _____ / 10 **Gute Besserung!**

Kapitel 15

Erinnern Sie sich an Ihre Kindheit?

In diesem Kapitel lernen Sie:

- Wortschatz: Kindheit
- das Präteritum
- *als / wenn / wann*
- *wo-* und *da*-Komposita
- Aussprache: *e*-Laute

▶ CD2 Dialog 1
28

Großvaters Geschichten: „Damals …"

Michael sitzt am Computer. Sein Großvater erzählt ihm von seiner Jugend.

Großvater	Sitzt du schon wieder am Computer, Junge? Was machst du da?
Michael	Hallo, Opa. Ich spiele Fußball, ich schreibe Freunden E-Mails und ich höre Musik. Das alles kann ich am Computer machen.
Großvater	Immer bist du am Computer! Als ich ein Kind war, hatten wir keine Computerspiele. Damals gab es überhaupt keine Computer! Heute spielen Kinder Fußball fast nur noch am Computer. Damals spielten wir Fußball draußen auf dem Feld. Heute schreibt man E-Mails am Computer. Damals schrieb man Briefe mit Stift und Papier. Heute hört man Musik am Computer. Damals hörte man schöne Musik in der Oper oder in der Kirche.
Michael	Das ist eine interessante Geschichte, Opa! Aber heute können wir das alles am Computer machen.
Großvater	Na ja, gut! Heute möchte ich ausnahmsweise auch Fußball am Computer spielen. Darf ich?

1 Ergänzen Sie die Verben (im Präteritum).

	Heute		Damals
geben	Es gibt Computer.	→	**a** Es _____ keine Computer.
spielen	Wir spielen am Computer.	→	**b** Wir _____ Fußball auf dem Feld.
schreiben	Wir schreiben E-Mails.	→	**c** Man _____ Briefe per Hand.
hören	Wir hören Musik am Computer.	→	**d** Man _____ Musik in der Oper oder in der Kirche.

Wortschatz

der Junge, -n	. . . .	boy
die E-Mail, -s	. . . .	email
als	. . . .	as
das Computerspiel, -e	. . . .	computer game
damals	. . . .	then
gab	. . . .	*simple past of* geben
überhaupt	. . . .	at all
nur	. . . .	only, just
spielten	. . . .	*simple past of* spielen
draußen	. . . .	outside
das Feld, -er	. . . .	field, pitch
man	. . . .	one (*3rd person singular*)
schrieb	. . . .	*simple past of* schreiben
hörte	. . . .	*simple past of* hören
die Geschichte, -n	. . . .	story
ausnahmsweise	. . . .	as an exception

▶ CD2 **Dialog 2**
29

Die Kindheit

Markus, Katharina und Sofie arbeiten zusammen.
In ihrer Mittagspause sprechen sie über ihre Kindheit.

Markus	Meine Kindheit war toll. Erinnert ihr euch noch an eure Kindheit?
Katharina	Ja. Meine Kindheit war auch schön. Ich erinnere mich vor allem an meine Großmutter.
Sofie	Wie nett!
Katharina	Meine Großmutter war sehr lieb. Als ich ein Kind war, hat sie mir oft abends vor dem Schlafengehen *Rotkäppchen* und *Aschenputtel* vorgelesen.
Sofie	Die Märchen von den Brüdern Grimm?
Katharina	Ja, diese Märchen fand ich sehr schön.
Sofie	Meine Mutter hat mir oft Fabeln von Äsop vorgelesen.
Katharina	Stimmt, an die erinnere ich mich auch!
Markus	Die Tiere in Äsops Fabeln konnten sprechen, oder? Das fand ich witzig.
Katharina	Und woran erinnerst du dich, Markus?
Markus	An Gummibärchen! Ich erinnere mich an Gummibärchen. Sie waren so lecker!

2 Woran erinnern sich die Kollegen am besten? Ergänzen Sie und ordnen Sie zu.

a	Markus	1	_____ von Äsop
b	Sofie	2	Ihre Großmutter und _____
c	Katharina	3	leckere _____

Wortschatz

die Kindheit, -	childhood	_____
sich erinnern an	to remember	_____
vor allem	above all	_____
lieb	sweet, kind	_____
das Schlafengehen	going to sleep	_____
das Rotkäppchen	Little Red Riding Hood	_____
das Aschenputtel	Cinderella	_____
vor·lesen	to read aloud	_____
das Märchen, -	fairy tale	_____
Fabeln von Äsop	Aesop's fables	_____
die Fabel, -n	fable	_____
witzig	funny	_____
das Gummibärchen, -	gummy bear (*sweet*)	_____

Kapitel 16

▶ CD2 **Hören**
　30

Strenge Eltern

3 Markus, Katharina und Sofie unterhalten sich weiter. Hören Sie zu und ergänzen Sie die Verben:

> durfte (2x) • hatte • musste • sagten (2x) • war • waren • wollte (2x)

Katharina	Und wie war deine Kindheit, Sofie?
Sofie	Meine Kindheit _____ nicht so schön. Ich _____ sehr strenge Eltern.
Markus	Wie streng waren deine Eltern?
Sofie	Ich _____ fernsehen, aber meine Eltern _____ „nein".
	Ich _____ Fußball spielen aber meine Eltern _____ „nein".
	Und ich _____ keine Schokolade essen!
Markus	Du Arme! Deine Eltern _____ sehr streng!
Sofie	Ja, allerdings _____ ich nicht im Haushalt arbeiten und _____ abends lange lesen.
Katharina	Trotzdem bringe ich dir morgen Schokolade zur Arbeit mit!

Wortschatz

streng	. . . .	strict
durfte	. . . .	*simple past of* dürfen
sagten	. . . .	*simple past of* sagen
Du Arme!	. . . .	You poor thing!
allerdings	. . . .	admittedly

4 Und jetzt Sie!

a Hatten Sie eine schöne Kindheit? _____

b Woran erinnern Sie sich? _____

c Was haben Sie gern gemacht, als Sie ein Kind waren?

Als ich ein Kind war, habe ich gern _____ .

Grammatik

1 Das Präteritum

Das Präteritum verwendet man meist in der **geschriebenen** Sprache in:
- Erzählungen
- Geschichten
- Fabeln und Märchen
- Zeitungen und Zeitschriften
- Nachrichten

> **❶** Das Präteritum von *sein, haben* und den Modalverben verwendet man auch in der gesprochenen Sprache.

2 Regelmäßige Verben im Präteritum

Im Präteritum steht **-t-** oder **-et-** zwischen dem Stamm und der *Endung*.

Heute spiele ich Fußball. (Präsens)
Gestern spielte ich Fußball. (Präteritum)

Wir arbeiten viel. (Präsens)
Wir arbeiteten viel. (Präteritum)

	spielen
ich	spielte
du	spieltest
er / sie / es	spielte
wir	spielten
ihr	spieltet
sie / Sie	spielten

	arbeiten
ich	arbeitete
du	du arbeitetest
er / sie / es	arbeitete
wir	arbeiteten
ihr	arbeitetet
sie / Sie	arbeiteten

❶ Die 3. Person Singular bekommt die Endung **-e** statt **-(e)t**.

❶ **-et-** steht zwischen dem Stamm und der Endung, wenn der Stamm auf **-t** oder **-d** endet.

5 Ergänzen Sie die regelmäßigen Verben im Präteritum.

Infinitiv	Präsens	Präteritum
spielen	Ich spiele Fußball.	Ich *spielte* Fußball.
lernen	Ich lerne Deutsch!	**a** Ich _____ Deutsch!
fragen	Er fragt nach der Uhrzeit.	**b** Er _____ nach der Uhrzeit.
antworten	Sie antwortet mir.	**c** Sie _____ mir.
sagen	Ich sage „Hallo".	**d** Ich _____ „Hallo".
legen	Du legst dich ins Bett.	**e** Du _____ dich ins Bett.
arbeiten	Ihr arbeitet.	**f** Ihr _____.
leben	Sie leben in Deutschland.	**g** Sie _____ in Deutschland.

3 Unregelmäßige Verben im Präteritum

Manche Verben im Präteritum haben eine unregelmäßige Form. Sie bekommen:
- einen Stammwechsel
- keine Endung in der 1. und 3. Person Singular

Ich sehe fern. (Präsens)
Ich sah fern. (Präteritum)

Ihr fahrt nach Bonn. (Präsens)
Ihr fuhrt nach Bonn. (Präteritum)

	sehen	sprechen	fahren
ich	sah	sprach	fuhr
du	sahst	sprachst	fuhrst
er / sie / es	sah	sprach	fuhr
wir	sahen	sprachen	fuhren
ihr	saht	spracht	fuhrt
sie / Sie	sahen	sprachen	fuhren

Verben haben drei Stammformen: jeweils im Infinitiv, Präteritum und Perfekt. Hier finden Sie eine Liste häufiger Verben und ihrer drei Stammformen.

Infinitiv	Präteritum	Partizip Perfekt	Englisch
regelmäßige Verben			
antworten	antwortete	hat geantwortet	to answer
arbeiten	arbeitete	hat gearbeitet	to work
duschen	duschte	hat geduscht	to shower
fragen	fragte	hat gefragt	to question
hören	hörte	hat gehört	to hear
leben	lebte	hat gelebt	to live
legen	legte	hat gelegt	to lay
lernen	lernte	hat gelernt	to learn
regnen	regnete	hat geregnet	to rain
spielen	spielte	hat gespielt	to play
verpassen	verpasste	hat verpasst	to miss (e.g. *a train*)
unregelmäßige Verben			
anfangen	fing an	hat angefangen	to begin
(sich) anziehen	zog (sich) an	hat (sich) angezogen	to dress, to put on
aufstehen	stand auf	ist aufgestanden	to get up
beißen	biss	hat gebissen	to bite
essen	aß	hat gegessen	to eat
fahren	fuhr	ist gefahren	to drive, to go
fallen	fiel	ist gefallen	to fall
finden	fand	hat gefunden	to find
fressen	fraß	hat gefressen	to eat (*for animals*)
gehen	ging	ist gegangen	to go
haben	hatte	hat gehabt	to have
heißen	hieß	hat geheißen	to be called
kommen	kam	ist gekommen	to come
schlafen	schlief	hat geschlafen	to sleep
schreiben	schrieb	hat geschrieben	to write
sehen	sah	hat gesehen	to see
sein	war	ist gewesen	to be
sitzen	saß	hat gesessen	to sit
springen	sprang	ist gesprungen	to jump
tragen	trug	hat getragen	to wear
treffen	traf	hat getroffen	to meet
verschwinden	verschwand	ist verschwunden	to disappear
werden	wurde	ist geworden	to become

Kapitel 16

❶ Regelmäßige Verben werden im Perfekt immer mit einer Form von *haben* konjugiert. Einige unregelmäßige Verben verlangen eine Form von *sein*. (→ Kap. 9, S. 109)

6 Immer das Gleiche: Ludwig hat ein langweiliges Leben. Stellen Sie die Sätze vom Präteritum ins Präsens.

Gestern (Präteritum)	Heute (Präsens)
Ludwig stand gestern um 7 Uhr auf.	**a** *Ludwig steht heute um 7 Uhr auf.*
Er aß Müsli zum Frühstück.	**b**
Er duschte sich.	**c**
Er zog sich an.	**d**
Er fuhr mit dem Auto zur Arbeit.	**e**
Er arbeitete.	**f**
Er kam nach Hause.	**g**
Er sah fern.	**h**
Er schlief ein.	**i**

7 Ordnen Sie zu.

fand • ging • hatte • kam • stand ... auf • verpasste • war

Chef   Die Sitzung ist jetzt aber vorbei, Uwe. Wo waren Sie?

Uwe   **a** Es _____ mir heute schlecht. *(gehen)*

b Ich _____ spät _____. *(auf·stehen)*

c Ich _____ meine Hose nicht. *(finden)*

d Ich _____ kein Müsli. *(haben)*

e Mein Auto _____ kaputt. *(sein)*

f Ich _____ den Bus. *(verpassen)*

g Ich _____ spät zur Arbeit. *(kommen)*
Ich bin heute einfach mit dem falschen Fuß aufgestanden!

Wortschatz

die Sitzung, -en	. . . . meeting	_____
vorbei	. . . . finished, over	_____
mit dem falschen Fuß		_____
aufstehen *(Redewendung)*	. . . . to start the day badly	_____
	(*wörtl.:* to get up on	_____
	the wrong foot)	_____

4 Modalverben im Präteritum

Modalverben im Präteritum bekommen:
- **-t-** zwischen Stamm und Endung
- keinen Umlaut

Wir d**ü**rfen spielen.   (Präsens)   Sie k**ö**nnen helfen.   (Präsens)
Wir du**r**ften spielen.   (Präteritum)   Sie k**o**nnten helfen.   (Präteritum)

	dürfen	**können**	**mögen**	**müssen**	**sollen**	**wollen**
ich	durfte	konnte	mochte	musste	sollte	wollte
du	durftest	konntest	mochtest	musstest	solltest	wolltest
er/sie/es	durfte	konnte	mochte	musste	sollte	wollte
wir	durften	konnten	mochten	mussten	sollten	wollten
ihr	durftet	konntet	mochtet	musstet	solltet	wolltet
sie/Sie	durften	konnten	mochten	mussten	sollten	wollten

❶ Die 1. und 3. Person Singular bekommen die Endung **-e**.

8 Eine Ausrede: Beantworten Sie die Frage: Was ist passiert? Ergänzen Sie die Verben im
Präteritum (Modalverben, *haben* und *sein*).
Es tut mir leid … – Ich <u>wollte</u> nach Hause gehen. *(wollen)*

a Mein Kind war krank. Ich _____ es zum Arzt bringen. *(müssen)*

b Ich _____ deine Telefonnummer nicht finden. *(können)*

c Ich _____ gestern auf die Kinder aufpassen. *(sollen)*

d Mein Auto _____ kaputt. *(sein)*

e Ich _____ den Film nicht. *(mögen)*

f Ich _____ Bauchschmerzen. *(haben)*

9 Ergänzen Sie die Verben im Präteritum.

Rotkäppchen

Es war einmal ein kleines süßes Mädchen. Das Mädchen

_____ *(heißen)* „Rotkäppchen," weil es immer ein rotes

Käppchen _____ *(tragen)*. Rotkäppchen _____

(wollen) ihrer kranken Großmutter einen Kuchen bringen.

„Komm aber nicht vom Weg ab", sagte ihre Mutter.

Auf dem Weg _____ *(treffen)* Rotkäppchen den Wolf.

„Wohin gehst du?", fragte der Wolf.

„Zur Großmutter", antwortete Rotkäppchen.

Dann ging aber Rotkäppchen in den Wald und suchte Blumen.

Der Wolf _____ *(gehen)* geradewegs zur Großmutter

und fraß die Großmutter auf. Dann _____ *(legen)* sich

der Wolf ins Bett. Rotkäppchen kam ins Haus und suchte die

Großmutter im Bett.

„Ei, Großmutter, warum hast du so große Ohren?", _____ (*fragen*) Rotkäppchen.

„Damit ich dich besser hören kann!", _____ (*antworten*) der Wolf.
„Ei, Großmutter, warum hast du so große Augen?"
„Damit ich dich besser sehen kann!"
„Ei, Großmutter, warum hast du so ein großes Maul?"
„Damit ich dich besser fressen kann!"

Dann _____ (*springen*) der Wolf aus dem Bett und _____ (*auf·fressen*)

Rotkäppchen _____! ...

Wortschatz

süß . . . . sweet		_____
ab·kommen . . . . to run off		_____
der Wolf, ö-e . . . . wolf		_____
geradewegs . . . . straight away		_____
auf·fressen . . . . to eat up (*for animals*)		_____
Ei! . . . . Ah!		_____
das Maul, ä-er . . . . mouth (*animal*)		_____
springen . . . . to jump		_____

5 Als / Wenn / Wann

Als ich ein Kind war, spielte ich Tennis.
Als ich kochte, sah mein Sohn fern.

> Vergangenheit: bestimmter Zeitpunkt oder Zeitspanne (x1)

Wenn es regnete, fuhren wir mit dem Bus.
Wenn ich Geburtstag hatte, aß ich immer Kuchen.

> Vergangenheit: mehr als ein Mal (x2)

Wann gehen wir ins Kino?
Wann schrieben Sie Ihr Buch?

> Fragewort (?)

Zeitausdrücke: die Vergangeheit

als ich ein Kind war	vor drei Jahren	letzte Woche	vorgestern	jetzt
1999	vor einem Monat	neulich	gestern	

Wortschatz

vor . . . . ago		_____
vorgestern . . . . day before yesterday		_____
neulich . . . . recently		_____

10 Ergänzen Sie: *wenn, wann* oder *als*?

a _____ gingen Sie in die Oper?

b _____ ich ein Kind war, spielte ich Violine.

c _____ wir Hunger hatten, gingen wir immer ins Restaurant.

d _____ gehst du zur Arbeit?

e _____ ich tanzten wollte, ging ich immer in die Disko.

f _____ er das Buch las, schlief er ein.

6 *Wo-* und *da-*Komposita

Ich erinnere mich an meine Kindheit.

Woran erinnerst du dich?	Ich erinnere mich daran.
(Wo + Präposition + ?)	(da + Präposition)

Ich schreibe mit einem Bleistift.

Womit schreibst du?	Ich schreibe damit.
(Wo + Präposition + ?)	(da + Präposition)

> ❗ Wenn die Präposition mit einem Vokal beginnt, kommt ein **-r-** nach **wo-** oder **da-**.
> wo + mit = womit?   da + mit = damit
> wo + auf = worauf?   da + auf = darauf

11 Stellen Sie Fragen (*wo-*Komposita).

a *Womit sieht man?*   – Man sieht mit den Augen.

b _____?   – Man hört mit den Ohren.

c _____?   – Man isst mit dem Mund.

12 Antworten Sie (*da-*Komposita).

Was macht man mit den Augen?	**a** *Man sieht damit.*
Was macht man mit den Ohren?	**b** _____.
Was macht man mit dem Mund?	**c** _____.

13 Großvater kann nicht gut hören. Michael erklärt es ihm. Ergänzen Sie *da-* und *wo-* Komposita.

> darauf • womit • damit • woran • daran • worauf

Opa	Was machst du?		**a** Opa	_____ fährt er?
Michael	Ich arbeite an dem Computer.		Michael	Er fährt mit dem Auto zur Arbeit.
Opa	*Woran* ?		Opa	Er fährt mit dem Auto zur Post?
Michael	An dem Computer!		Michael	Nein, er fährt _____ zur Arbeit.
Opa	Was machst du an dem Computer?			
Michael	Ich arbeite *daran* .			

b Michael   _____ erinnerst
du dich?

Opa   Ich erinnere mich an meine
Kindheit.

Michael   Erzählst du mir von deiner
Kindheit?

Opa   Nein, ich erinnere mich nicht
_____.

c Opa   Wo ist die Katze?

Michael   Sie sitzt auf dem Sofa.

Opa   _____ sitzt sie?

Michael   Sie sitzt auf dem Sofa!

Opa   Sitzt sie hinter dem Sofa?

Michael   Nein, sie sitzt _____!

Lesen

Grimms Märchen und Äsops Fabeln

Die deutschen Brüder Jacob und Wilhelm Grimm sammelten seit 1806 Märchen und Sagen.
Bis 1850 hatten sie für ihr Buch *Kinder- und Hausmärchen* 200 Märchen gesammelt. Die Märchen
waren bei Groß und Klein gleichermaßen beliebt. Fast jeder kennt *Rotkäppchen* und *Hänsel und
Gretel*.
Der griechische Dichter Äsop lebte um 600 v. Chr. Seine Fabeln thematisieren menschliche
Schwächen, z. B. Eitelkeit, Dummheit oder Neid. Im Mittelpunkt stehen oft Tiere. Einige sehr
bekannte Fabeln von ihm sind *Vom Fuchs und Raben*, *Die Ameise und die Heuschrecke* und
Die Schildkröte und der Hase.

Wortschatz

sammeln	to collect	_____
die Sage, -n	saga, myth	_____
Groß und Klein	big and small, (*here*) children and adults	_____
gleichermaßen	equally, alike	_____
der Dichter, -	poet	_____
v. Chr. (vor Christus)	B.C. (before Christ)	_____
die Schwäche, -n	weakness	_____
die Eitelkeit, -en	vanity	_____
die Dummheit, -en	stupidity	_____
der Neid	envy	_____
der Mittelpunkt	centre	_____
der Fuchs, ü-e	fox	_____
der Rabe, -n	raven	_____
die Ameise, -n	ant	_____
die Heuschrecke, -n	grasshopper	_____
die Schildkröte, -n	tortoise	_____

▶ CD 2 **Aussprache**
31

e-Laute

Hören Sie zu und sprechen Sie nach.

„e/ee/eh" spricht man lang	„e/ä" vor zwei Konsonanten spricht man meistens kurz	„e" in der letzten Silbe spricht man meistens schwach (Schwa)
Tee	Wetter	bitte
sehen	essen	lernte
gehen	Messer	wollte
drehen	Äpfel	machen
eben	treffen	schauen

▶ CD 2 **14** Hören Sie zu und kreuzen Sie an.
32

	lang	kurz	schwach
stehen	▦	▦	▦
durfte	▦	▦	▦
lesen	▦	▦	▦
bitte	▦	▦	▦

	lang	kurz	schwach
fressen	▦	▦	▦
Porsche	▦	▦	▦
Bett	▦	▦	▦
Schnee	▦	▦	▦

Test

1 Ordnen Sie den Präteritum-Formen die passenden Infinitive zu.

a	saß	1	sehen
b	sah	2	sagen
c	stand auf	3	sitzen
d	sagte	4	aufstehen

2 Ergänzen Sie die Verben im Präteritum.

a Gestern _____ ich um 7 Uhr _____ . (*aufstehen*)

Ich _____ mich. (*duschen*) Dann _____ ich zur Arbeit. (*gehen*)

b Heute spiele ich Tennis. Gestern _____ ich Fußball. (*spielen*)

c Als ich ein Kind _____ , aß ich gern Gummibärchen. (*sein*)

3 Was sagte der Wolf? Kreuzen Sie an.

„Ei, Großmutter, warum hast du so große Augen?", fragte Rotkäppchen.

▦ „Womit ich dich besser sehen kann?",
▦ „Damit ich dich besser fressen kann!",
▦ „Damit ich dich besser sehen kann!", … sagte der Wolf.

Punkte: _____ / 10   **Märchenhaft!**

Kapitel 16

Kapitel 17 | Wie wird das Wetter?

In diesem Kapitel lernen Sie:

- Wortschatz: Wetter
- Konjunktiv
- höfliche Bitten und Fragen
- Aussprache: Auslautverhärtung $b \rightarrow p$, $d \rightarrow t$, $g \rightarrow k$

▶ CD 2 **Dialog 1**
  33

Wochenendausflug nach Potsdam

Johannes und Silvia sehen sich nach der Tagesschau die Wettervorhersage im Fernsehen an.
Sie überlegen, einen Wochenendausflug nach Potsdam zu unternehmen.

Wettersprecherin	Am Wochenende wechseln sich Sonnenschein und leichte Bewölkung ab. Regen ist nicht zu erwarten. Die Tagestemperatur liegt zwischen 12 und 15 Grad. Es weht ein schwacher Wind aus nordwestlicher Richtung …
Johannes	Wie schön, das Wetter am Wochenende scheint gut zu werden! Was würdest du von einem Ausflug nach Potsdam halten?
Silvia	Ja, ein Ausflug nach Potsdam wäre schön. Dann könnten wir uns den berühmten Park Sanssouci anschauen und durch die Russische Kolonie Alexandrowka schlendern.
Johannes	Hättest du auch Lust, dir mit mir das neue Stadtschloss anzusehen?
Silvia	Ja, warum nicht? Falls es doch noch regnen sollte, müssten wir aber über eine Alternative nachdenken.
Johannes	Bei Regen könnten wir uns die Kirche St. Peter und Paul anschauen.
Silvia	Ja, das würde ich auch. Und wir dürfen unsere Regenjacken nicht vergessen! Manchmal stimmen die Wettervorhersagen nicht.
Johannes	Gut, dass wir uns letzte Woche neue Regenjacken gekauft haben.

1 Das Wetter: Richtig (**R**) oder falsch (**F**)?

a ☐ Am Wochenende ist Regen zu erwarten.

b ☐ Am Wochenende wechseln sich Sonne und Wolken ab.

c ☐ Es weht starker Wind aus südlicher Richtung.

2 Was möchten Johannes und Silvia gern in Potsdam machen? Ergänzen Sie: Johannes (**J**) oder Silvia (**S**).

a ☐ möchte sich den berühmten Park Sanssouci anschauen.

b ☐ möchte sich das neue Stadtschloss ansehen.

c ☐ möchte die Kirche St. Peter und Paul anschauen.

Wortschatz

ab·wechseln	. . . .	to alternate
leicht	. . . .	light
die Bewölkung, -en	. . . .	cloud cover
erwarten	. . . .	to expect
die Tagestemperatur, -en	. . . .	daytime temperature
die Temperatur, -en	. . . .	temperature
wehen	. . . .	to blow
schwach	. . . .	weak
der Wind, -e	. . . .	wind
nordwestlich	. . . .	north-westerly

Kapitel 17

die Richtung, -en	direction	_____
scheinen	to appear, to seem	_____
Was würdest du		_____
von … halten?	What would you say to …?	_____
würden	*conditional of* werden	_____
der Ausflug, ü-e	excursion	_____
wären	*conditional of* sein	_____
an·schauen	to look at	_____
schlendern	to amble, to wander	_____
Hättest du Lust …?	Would you like to …?	_____
hätten	*conditional of* haben	_____
die Lust, ü-e	desire	_____
an·sehen	to look at	_____
das Stadtschloss	city palace	_____
regnen	to rain	_____
sollten	*conditional of* sollen	_____
müssten	*conditional of* müssen	_____
die Alternative, -n	alternative	_____
nach·denken	to think about, to consider	_____
der Besuch, -e	visit	_____
stimmen	to be correct	_____
die Wettervorhersage, -n	weather report	_____
die Regenjacke, -n	raincoat	_____

▶ CD 2 **Hören**
34

Wetterbericht

3 Hören Sie sich die drei Wettervorhersagen an. Welcher Wetterbericht passt zur Wetterkarte? Kreuzen Sie an.

    ☐ Wetterbericht **a**
    ☐ Wetterbericht **b**
    ☐ Wetterbericht **c**

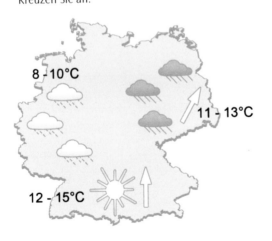

8 - 10°C

11 - 13°C

12 - 15°C

Kapitel 17

4 Ergänzen Sie mit den richtigen Wetterausdrücken.

> Der Wind weht. • Die Sonne scheint. • Es gibt Regen. • Es gibt Schneefall. •
> Es ist bewölkt. • Es ist kalt. • Es ist neblig. • Es regnet. •
> Es schneit. • Es ist sonnig. • Es ist stürmisch. • Es ist warm. • Es ist windig.

a _____ _____

_____

d _____ _____

_____

b _____ _____

_____

_____

e _____ _____

_____

_____

c _____ _____

_____

f _____ _____

5 Und jetzt Sie! Wie ist das Wetter dort, wo Sie wohnen? Beschreiben Sie. _____

Wortschatz

der Süden, -	south	
freundlich	(*here*) pleasant	
scheinen	to shine	
der Westen, -	west	
maximal	maximum	
steigen	to rise, to climb	
der Südwesten, -	south-west	
der Osten, -	east	
sinken	to sink	
der Norden, -	north	
trocken	dry	
der Schneeregen, -	sleet	
der Schneefall, ä-e	snowfall	
sorgen für	to make for	
glatt	slippery	
der Schnee, -	snow	
durchgehend	persistent, ongoing	
die Kälte, -	cold	
bewölkt	cloudy, overcast	
neblig	foggy, misty	
schneien	to snow	
stürmisch	stormy	
windig	windy	

Dialog 2

a *Oktober*

Sprecher Im Süden bleibt es heute freundlich und die Sonne scheint. Am Abend wird es regnen. Die Temperatur liegt zwischen 12 und 15 °C. Der Wind weht schwach aus Süden. Im Westen ist es stark bewölkt und es gibt leichten Regen. Die Temperatur liegt zwischen 8 und 10 °C. Im Osten regnet es. Maximal steigen die Temperaturen auf 11 bis 13 °C. Der Wind kommt aus Südwesten.

b *Juni*

Sprecherin Im Süden Deutschlands ist es sonnig und die Temperatur liegt zwischen 23 und 25 °C. Am Abend sinkt die Temperatur auf 16 bis 19 °C. Es weht schwacher Wind aus Norden. Es bleibt trocken. Auch im Norden scheint die Sonne und es wird sehr warm: Die Temperatur steigt auf 28 °C.

c *Februar*

Sprecher Heute bleiben die Temperaturen in ganz Deutschland zwischen 0 °C und -5 °C. Leichter Schneeregen oder Schneefall sorgen für glatte Straßen. In der Nacht fallen die Temperaturen auf -7 bis -9 °C. Morgen erwartet uns ein Tag mit viel Schnee und durchgehender Kälte. Ziehen Sie sich also warm an!

Grammatik

1 Der Konjunktiv

Der Konjunktiv wird verwendet, um Wünsche, Möglichkeiten oder Wahrscheinlichkeiten auszudrücken.

A Sie gewinnen 1 Million Euro.

Emma **würde** ein Haus *kaufen*.
Claudia **würde** eine Weltreise *machen*.
Christoph **würde** nicht mehr *arbeiten*.

> ❗ Passen Sie auf die Wortstellung auf: **würden** = Position 2   *Infinitiv* = Ende

Und jetzt Sie: Was würden Sie mit 1 Million Euro machen?

Ich **würde** _____ .

B Sie sind im Urlaub und es regnet.

Peter **würde** nach Hause *fahren*.
Manfred und Laura **würden** im Hotelzimmer *schlafen*.
Kathrin **würde** im Regen *tanzen*.

Und jetzt Sie: Was würden Sie machen?

Ich **würde** _____ .

C Es ist 2 Uhr morgens und Sie können nicht schlafen.

Hans **würde** *ausgehen*.
Caroline **würde** eine Tasse Tee *trinken*.
Max **würde** klassische Musik *hören*.

Und jetzt Sie: Was würden Sie machen?

Ich **würde** _____ .

2 Konjunktiv: Bildung mit *haben*, *sein* und Modalverben

Manche Verben bildet man nicht mit **würden** + Infinitiv. Sie haben eine eigene Konjunktiv-Form.

Ich habe einen alten Wagen.   Wenn ich nur einen neuen Sportswagen **hätte**!

hatte	+	¨	→	**hätte**
(Stamm im Präteritum)		(Umlaut)		(Konjunktiv)

Hier ist eine Liste einiger Verben und ihrer Konjunktiv-Form.

Infinitiv	Stamm im Präteritum	Konjunktiv
haben	hatte	hätte
sein	war	wäre
mögen	mochte	möchte
können	konnte	könnte
dürfen	durfte	dürfte
müssen	musste	müsste
sollen	sollte	sollte
wollen	wollte	wollte

> ❶ **Sollen** und **wollen** bekommen keinen Umlaut.
> **Tipp:** Ich hätte … = Ich würde … haben.
>   Ich wäre … = Ich würde … sein.

6 Ordnen Sie zu.

a	Ich bin in Berlin. Es sind -5° Celsius.	**1**	Wenn ich nur nicht arbeiten müsste!
b	Mir geht's nicht so gut. Ich habe zu viel gegessen.	**2**	Wenn ich nur in Italien wäre … dort scheint die Sonne.
c	Das Wochenende ist vorbei. Es ist Montagmorgen.	**3**	Wenn ich nur mehr Zeit hätte!
d	Ich möchte mir ein neues Fahrrad kaufen, aber ich habe kein Geld.	**4**	Wenn ich nur mehr Geld hätte!
e	Ich liebe diese Frau.	**5**	Wenn ich nur nicht so viel gegessen hätte!
f	Ich kann nicht kommen. Ich habe keine Zeit.	**6**	Wenn sie mich nur anrufen würde!

▶ CD 2
35 **7** Im Lotto gewinnen: Ruth und Felix spielen Lotto. Die Gewinnzahlen kommen im Fernsehen. Hören Sie genau zu und ergänzen Sie.

arbeiten • geben • kaufen (3x) • reisen • würde (4x) • würden (2x)

Ruth   Komm schnell! Die Gewinnzahlen! Heute sind es 26 Millionen Euro!
Felix   Wir wären reich!
Ruth   Was würden wir mit dem Geld machen?

Felix   Zuerst _____ (a) ich ein neues Auto

_____ (b).

Ruth   Ich _____ (c) gern einen Porsche

_____ (d).

Felix   Dann _____ (e) wir unseren Freunden große Geschenke _____ (f).

Ruth   Ich _____ (g) nicht mehr _____ (h).

Felix   Wir _____ (i) um die Welt _____ (j).

Ruth   Ich _____ (k) eine Fußballmannschaft _____ (l).

Felix   Endlich hätten wir ein großes Haus.
Ruth   Nein, wir hätten drei!
Felix   Haben wir gewonnen?
Ruth   Nein.
Felix   Und, was machen wir jetzt?
Ruth   Wir gehen morgen zur Arbeit …

8 Und jetzt Sie! Was würden Sie machen, wenn Sie im Lotto gewinnen würden?

Zuerst würde ich _____

_____ .

Dann _____

_____.

Zum Schluss _____.

Wortschatz

zum Schluss . . . . finally   _____

3 Verwendung: Höfliche Bitten und Fragen

Der Konjunktiv wird auch für höfliche Bitten und Fragen verwendet.   → Kap. 14, S. 170

Was **möchten** Sie trinken?   – Ich **hätte** gern einen Rotwein, bitte.

9 Ergänzen Sie im Konjunktiv.

a Möchten Sie einen Sitzplatz reservieren? – Ja, ich _____ einen Sitzplatz reservieren. *(mögen)*

b Was möchten Sie trinken? – _____ Sie mir bitte ein Glas Wasser bringen? *(können)*

c Und was möchten Sie trinken? – Ich _____ gern ein Bier, bitte. *(haben)*

d Was möchten Sie essen? – Ich _____ gern das Schnitzel, bitte. *(haben)*

e _____ Sie mir bitte helfen? *(können)*

f _____ ich noch ein Stück Kuchen haben, bitte? *(dürfen)*

g Darf ich dich auf ein Bier einladen? – Das _____ sehr nett, danke. *(sein)*

h Wie _____ Sie zahlen? *(mögen)*

Lesen

Das Wetter in Deutschland

Das Wetter in Deutschland ist nicht immer und überall gleich: Während es im Herbst in Hamburg in Strömen regnet, gibt es in München noch immer strahlenden Sonnenschein. Die Süddeutschen sitzen gemütlich im Biergarten, während die Norddeutschen schon ihre Regenschirme brauchen.

Das Gleiche gilt für die anderen Jahreszeiten. Im Süden fängt der Frühling viel früher an als im Norden. Der Winter beginnt im Osten oft Ende November, während es im Westen dann noch mild sein kann.

Nur im Sommer ist es überall in Deutschland sehr warm bis heiß. Trotzdem würde man das Wetter an der Nordsee oder an der Ostsee als wechselhaft beschreiben – an den meisten Tagen weht dort eine frische Brise.

Kapitel 17

10 Wo kann man auch noch im Herbst gemütlich draußen sitzen? Kreuzen Sie an.

a ☐ in Hamburg   **b** ☐ in Nordfriesland   **c** ☐ in München

Wortschatz

während	while, whereas	_____
überall	everywhere	_____
in Strömen regnen	to pour with rain	_____
strahlend	glorious	_____
gemütlich	comfortable, cosy	_____
der Regenschirm, -e	umbrella	_____
gelten	to apply	_____
überall	all over, everywhere	_____
trotzdem	nevertheless, in spite of (it)	_____
die Nordsee	North Sea	_____
die Ostsee	Baltic Sea	_____
wechselhaft	changeable	_____
frisch	fresh	_____

▶ CD 2 36 **Aussprache**

Auslautverhärtung *b → p, d → t, g → k*

Am Wortende und am Silbenende werden **b**, **d** und **g** anders ausgesprochen.

b → p	halb	**d → t**	Guten Aben**d**!	**g → k**	Guten Ta**g**!
	Urlau**b**		das Kin**d**		klu**g**
	a**b**		das Hem**d**		Zu**g**

Hören Sie zu und sprechen Sie nach.

b = b	**b → p**	**d = d**	**d → t**	**g = g**	**g → k**
haben	habt	Kinder	Kind	Wege	Weg
aber	ab	Hemden	Hemd	Züge	Zug
halbe	halb	abends	Abend	Tage	Tag

▶ CD 2 37 **11** Hören Sie zu und markieren Sie die Auslautverhärtungen.

– Guten Tag, Frau Kluger!
– Guten Abend, Herr Raab. Ich muss mich auf den Weg machen. Es ist schon halb sieben.
  Mein Zug fährt heute Abend um halb acht ab.

Kapitel 17

Test

1 Was würde Max machen, wenn er 1 Million Euro hätte? Was ist richtig?

a Er _____ ein Haus kaufen.
- [ ] würden
- [ ] würde

b Er würde einen Porsche _____.
- [ ] fährt
- [ ] fahren

c Er _____ eine Weltreise _____.
- [ ] würde / machen
- [ ] würde / mache

2 Sagen Sie es höflich. Was ist richtig?

a Ich _____ zwei Fahrkarten nach Berlin, bitte.
- [ ] magt
- [ ] möchte

b Ich _____ gern zwei Gläser Wasser, bitte.
- [ ] wäre
- [ ] hätte

3 Wie wird das Wetter morgen? Kreuzen Sie an.

a Morgen ist es _____ und _____.
- [ ] sonnig / warm
- [ ] windig / warm
- [ ] warm / nebelig

b Morgen _____ es.
- [ ] schneit
- [ ] scheint die Sonne
- [ ] regnet

4 Was würden Sie machen, wenn Sie 1 Million Euro hätten? Füllen Sie die Lücken aus.

Wenn ich eine Million Euro hätte,

a _____ ich das Geld spenden. *(würden)*

b _____ ich mit meiner Familie einen schönen Ausflug unternehmen. *(können)*

c _____ ich sehr glücklich! *(sein)*

Punkte: ____ / 10   **Gut gemacht!**

Wo machen Sie Urlaub?

In diesem Kapitel lernen Sie:

- ◢ Wortschatz: Urlaub, ein Hotelzimmer reservieren
- ◢ Infinitivsätze: *zu* + Infinitiv, *um ... zu* + Infinitiv
- ◢ das Futur: *werden* + Infinitiv
- ◢ Aussprache: *z*

CD 2
38
Dialog 1

Urlaub an der Ostsee

Julia und Sven planen einen Urlaub. Sie haben vor, an die Ostsee zu fahren.

Sven	Es ist Sommer! Wo sollen wir Urlaub machen?
Julia	Ich möchte an die Ostsee fahren. Was denkst du?
Sven	Ja, das klingt gut!
Julia	Ich habe Lust, in der Ostsee schwimmen zu gehen. Schwimmst du mit mir?
Sven	Ja, aber dann liegen wir einfach in der Sonne und ruhen uns aus.
Julia	Sollen wir bei meiner Tante Hilde in Zinnowitz übernachten?
Sven	Oh, nein. Ich habe keine Lust, bei deiner Tante zu übernachten. Ich will ein Hotelzimmer.
Julia	Das ist aber lustig. Du sagst immer, dass wir nicht genug Geld haben, um im Hotel zu übernachten.
Sven	Ich habe Geld! Wie viel kostet ein Hotelzimmer?
Julia	Warte mal. Ich suche im Internet … Also, was für ein Zimmer möchtest du? Einzelzimmer, Doppelzimmer oder Zweibettzimmer?
Sven	Ein Doppelzimmer natürlich.
Julia	Frühstück inklusive?
Sven	Ja, wir müssen schließlich etwas essen!
Julia	Mit Bad?
Sven	Ja klar, mit Bad.
Silvia	Mit oder ohne Balkon?
Sven	Ich möchte ein Zimmer mit Balkon und mit Blick auf die Ostsee.
Julia	Okay. Wann machen wir Urlaub?
Sven	Vom 1. bis zum 6. August.
Julia	Hochsaison … Wie viele Übernachtungen sind das?
Sven	Wir werden fünf Nächte bleiben.
Julia	Okay. Das kostet 450 € pro Nacht. Das kostet … warte mal … 2250 €. Soll ich es gleich reservieren? Ich habe hier deine Kreditkarte!
Sven	Nein, nein, nein! Das ist viel zu teuer!
Julia	Was machen wir dann?
Sven	Na gut, vielleicht können wir doch bei deiner Tante Hilde übernachten …
Julia	Ja. Das ist eine sehr gute Idee! Ich werde …
Sven	Oder warte mal kurz, vielleicht kann ich etwas Günstigeres finden …

Wortschatz

Das klingt gut!	That sounds good!	_____
klingen	to sound	_____
Lust haben	to want to do	_____
schwimmen zu gehen	to go swimming	_____
übernachten	to stay overnight	_____
das Hotelzimmer, -	hotel room	_____

Kapitel 18

Warte mal.	Wait a moment.	_____
das Einzel-/Doppel-/		_____
Zweibettzimmer, -	single/double/twin room	_____
das Frühstück, -e	breakfast	_____
schließlich	after all	_____
der Balkon, -e	balcony	_____
der Blick, -e	view	_____
die Hochsaison, -s	high season	_____
die Übernachtung, -en	overnight stay	_____
werden … bleiben	*futur of* bleiben	_____
bleiben	to stay	_____
die Nacht, ä-e	night	_____
reservieren	to reserve, to book	_____
kurz	short, brief	_____

1 Kreuzen Sie an.

a Wo möchte Julia übernachten?
  ☐ bei ihrer Tante Hilde
  ☐ im Hotel
  ☐ auf einem Campingplatz

b Wo wollte Sven übernachten?
  ☐ bei Julias Tante Hilde
  ☐ im Hotel
  ☐ auf einem Campingplatz

c Wo möchte Sven jetzt doch übernachten?
  ☐ bei Julias Tante Hilde
  ☐ im Hotel
  ☐ auf einem Campingplatz

d Warum übernachten Sven und Julia nicht im Hotel?
  ☐ Sie möchten ein Zimmer mit Balkon.
  ☐ Die Hotelzimmer sind zu teuer.
  ☐ Sie möchten ein Zimmer mit Frühstück.

▶ CD 2 **Hören**
  39

Anruf bei Hotel Sonnenschein

2 Sven hat noch ein Hotel gefunden. Er ruft dort an und fragt nach einem Zimmer. Richtig (**R**) oder falsch (**F**)?

a ☐ Das Hotel Sonnenschein hat keine Zimmer.

b ☐ Das Hotel ist günstiger als das Hotel, das Julia gefunden hat.

c ☐ Das Frühstück ist im Preis inbegriffen.

d ☐ Das Zimmer hat einen Blick auf die See.

e ☐ Das Hotel schickt eine E-Mail mit der Bestätigung.

3 Eine E-Mail von Hotel Sonnenschein: Ergänzen Sie.

Doppelzimmer • inbegriffen • Nächte • Reise

Sehr geehrter Herr Krause,

hiermit bestätigen wir Ihre Reservierung im Hotel Sonnenschein.

Wir haben für Sie für fünf _____ **(a)** ein _____ **(b)**

reserviert: Ankunft am 1. August und Abreise am 6. August 2013. Das Frühstück ist

_____ **(c)**.

Falls Sie Fragen zu Ihrer Reservierung haben, stehen wir gern zur Verfügung.

Wir wünschen Ihnen eine gute _____ **(d)** und freuen uns auf Sie.

Mit freundlichen Grüßen

Marion Friese

Managerin Hotel Sonnenschein

Wortschatz

verbringen	to spend (*time*)	_____
frei	free	_____
nach·schauen	to check	_____
inbegriffen	included	_____
der Seeblick, -e	sea view	_____
ausgebucht	fully-booked	_____
gegenüber	opposite	_____
die Bestätigung, -en	confirmation	_____
Einen schönen Tag noch!	Have a nice day!	_____
die Reservierung, -en	reservation	_____
falls	in case	_____
zur Verfügung stehen	to be at somebody's disposal	_____

Dialog 2

Angestellter	Hotel Sonnenschein, guten Tag. Wie kann ich Ihnen helfen?
Sven	Guten Tag, meine Freundin und ich würden gern ein paar Tage an der Ostsee verbringen. Haben Sie vom 1. bis 6. August noch Zimmer frei?
Angestellter	Ich muss kurz nachschauen … Ja, in dieser Zeit haben wir noch ein Doppelzimmer frei.
Sven	Super! Und wie viel kostet es?
Angestellter	Pro Nacht sind es 120 €, für 5 Nächte macht das 600 €.
Sven	Ist das Frühstück inbegriffen? Und hat das Zimmer Seeblick?

Kapitel 18

Angestellter	Ja, das Frühstück ist inbegriffen. Leider sind unsere Zimmer mit Seeblick ausgebucht. Aber das Zimmer hat auch einen schönen Blick: Direkt gegenüber liegt ein Park.
Sven	Perfekt. Ich würde das Zimmer gern reservieren.
Angestellter	Dann brauche ich Ihren Namen und Ihre E-Mail-Adresse. Ich schicke Ihnen gleich eine Bestätigung.
Sven	Mein Name ist Sven Krause und meine E-Mail-Adresse ist: sven.krause32@gmx.de.
Angestellter	Danke, Herr Krause, und einen schönen Tag noch!
Sven	Danke, Ihnen auch! (*Sven legt auf.*) Julia, Julia, wir müssen doch nicht zu Tante Hilde!

▶ CD 2
40
4 Sie möchten ein Zimmer. Hören Sie zu und antworten Sie.

Angestellter	Guten Tag. Wie kann ich Ihnen helfen?
a Sie	Guten Tag, _____
	(*Zimmer / möchten*)
Angestellter	Was für ein Zimmer möchten Sie?
b Sie	_____ (*Einzelzimmer*)
Angestellter	Ein Einzelzimmer haben wir noch frei.
c Sie	_____ (*wie viel?*)
Angestellter	Das Einzelzimmer kostet 70 € pro Nacht.
d Sie	_____
	(*Frühstück inbegriffen?*)
Angestellter	Ja, das Frühstück ist inbegriffen. Möchten Sie das Zimmer?
Sie	Ja, gern. Danke.
Angestellter	Und wie lange möchten Sie bleiben?
e Sie	_____ (*vier Nächte*)
Angestellter	Gut. Wie möchten Sie zahlen?
f Sie	_____ (*Kreditkarte?*)
Angestellter	Natürlich. Hier ist der Schlüssel. Das Frühstück findet von 7 bis 10 Uhr im Restaurant statt. Schönen Aufenthalt!
Sie	Danke schön.

Im Urlaub

| schwimmen | wandern | Fotos machen | Ski fahren | zelten |

| reiten | malen | ein Museum besuchen | im Restaurant essen | auf dem Markt einkaufen |

Worauf haben Sie Lust?
Ich habe Lust, im Meer zu **schwimmen** / in den Bergen zu **wandern** / auf dem Campingplatz
zu **zelten**.
Ich möchte in der Altstadt **Fotos machen** / in den Alpen **Ski fahren** / am Strand **reiten**.
Ich will die Landschaft **malen** / viele Museen **besuchen** / nur im Restaurant **essen**.

5 Ordnen Sie zu.

a	Wo kann man schwimmen?	1	in der Altstadt
b	Wo kann man wandern?	2	in den Bergen
c	Wo kann man snowboarden?	3	in den Alpen
d	Wo kann man in der Sonne liegen und sich ausruhen?	4	auf dem Campingplatz
e	Wo kann man zelten?	5	am Strand
f	Wo kann man Fotos von Sehenswürdigkeiten machen?	6	im Meer

6 Kreuzen Sie an: *maskulin, neutral, feminin, Plural.*

		m	n	f	Pl.
a	meinen Badeanzug				
b	meine Sandalen				
c	meine Wanderschuhe				
d	meine Sonnenbrille				
e	mein T-Shirt				
f	meine Jacke				
g	meine Kamera				
h	meinen Reisepass				

❗ Vergessen Sie nicht: die **Schuhe** = Plural → die Wander**schuhe** = Plural

7 Und jetzt Sie: Was packen Sie ein?

a Sie gehen in den Bergen wandern.

Ich packe _____ ein.

b Sie machen Urlaub am Strand.

Ich packe _____ ein.

Wortschatz

Worauf haben Sie Lust?	What would you like to do?	_____
		_____
zu	to (*infinitive marker*)	_____
snowboarden	to snowboard	_____
das Meer, -e	sea, ocean	_____

der Berg, -e	mountain
die Alpen *(Pl.)*	the Alps
die Altstadt	old town,
	historical downtown
der Campingplatz, ä-e	campsite
der Strand, ä-e	beach
der Badeanzug, ü-e	swimming costume,
	swimsuit, bathing suit
die Sandalen *(Pl.)*	sandals
die Wanderschuhe *(Pl.)*	hiking boots
die Sonnenbrille, -n	sunglasses
die Kamera, -s	camera
der Reisepass, ä-e	passport

Grammatik

1 Infinitsätze: *zu* + Infinitiv

Der Infinitiv wird in einigen Satzkonstruktionen verwendet. Die folgenden Sätze verwenden *zu* + Infinitiv.

Er hat Lust, ins Kino **zu** gehen.
Sie hat Zeit, einen Kaffee **zu** trinken.
Wir haben vor, **zu** wandern.

Ich habe Lust, …	+ **zu** + Infinitiv.
Ich habe Zeit, …	+ **zu** + Infinitiv.
Ich habe vor, …	+ **zu** + Infinitiv.

Wortschatz

vor·haben . . . . to intend

8   Ergänzen Sie die Infinitivsätze mit *zu* + Infinitiv.

a Wir machen Urlaub an der Ostsee.

Wir haben vor, _____ zu machen.

b Wir gehen heute Abend ins Kino.

Hast du Lust, _____ ?

c Ich trinke mit dir einen Kaffee.

Ich habe Zeit, _____ .

d Er will ins Restaurant gehen.

Er hat vor, _____ .

e Wir möchten Schnitzel essen.

Wir haben Lust, _____ .

f Lisa fährt morgen mit Peter nach Düsseldorf.

Lisa hat vor, _____ .

Kapitel 18

9   Pauline denkt positiv. Nils denkt negativ. Ergänzen Sie die Sätze.

> ❗ ich habe Lust / Zeit ≠ ich habe *keine* Lust / Zeit
> ich habe vor ≠ ich habe *nicht* vor

Pauline   Ich habe Lust, ins Kino zu gehen. Kommst du mit?
Nils   Nein, *ich habe keine Lust, ins Kino zu gehen.*

a Pauline   Ich habe Zeit, noch einen Kaffee zu trinken. Trinkst du auch noch einen Kaffee?

   Nils   Nein, _____.
b Pauline   Ich habe Lust, im Meer zu schwimmen. Schwimmst du mit mir?

   Nils   Nein, _____.
c Pauline   Nils, du bist immer so negativ. Ich habe keine Lust, mit dir ins Kino zu gehen.

   Nils   Aber ich habe jetzt Lust, _____!

   Pauline   Super! Wir gehen ins Kino!

2 Infinitivsätze: *um … zu* + Infinitiv

Der Infinitiv wird auch mit *um … zu* verwendet, um einen Zweck oder einen Grund anzugeben.

Was? *(die Aktion)*   **Warum?** *(der Zweck / Grund)*
Sofie braucht eine Flugkarte, **um** nach London **zu** fliegen.

> ❗ Infinitivsätze haben kein Subjekt:
>
> Ich gehe zur Post. + ~~Ich~~ schicke einen Brief. → Ich gehe zur Post, **um** einen Brief **zu** schicken.

10 Ordnen Sie zu.

a	Ich lese dieses Buch,	1	um ein Bier zu trinken.
b	Sie fährt in die Berge,	2	um Deutsch zu lernen.
c	Er fährt an die Ostsee,	3	um zu tanzen.
d	Ihr geht in das Kino,	4	um schwimmen zu gehen.
e	Wir gehen in die Kneipe,	5	um wandern zu gehen.
f	Ich gehe in die Disko,	6	um einen Film zu sehen.

11 Kombinieren Sie die Sätze mit einem Infinitivsatz.

a Sie geht zur Apotheke. + Sie kauft Medikamente.

_____.

b Ich rufe an. + Ich mache einen Termin.

_____.

Kapitel 18

c Ihr geht ins Kaufhaus. + Ihr kauft neue Schuhe.

_____ .

d Er reist nach Deutschland. + Er lernt Deutsch.

_____ .

e Wir gehen ins Restaurant. + Wir essen gut.

_____ .

f Sie packt ihren Badeanzug ein. + Sie geht schwimmen.

_____ .

3 Das Futur

Das Futur wird mit dem Hilfsverb **werden** + *Infinitiv* gebildet.

Ich arbeite. (Präsens)
Ich **werde** *arbeiten*. (Futur)

> ❗ **werden** = Position 2   *Infinitiv* = Ende

12 Ergänzen Sie das Hilfsverb *werden*.

a Du _____ nach Deutschland fahren.

b Er _____ sie anrufen.

c Wir _____ Urlaub machen.

d Ihr _____ im Hotel übernachten.

e Ich _____ morgen meinen Koffer packen.

13 Alex soll etwas machen, aber er hat heute keine Lust. Wie antwortet Alex?

Wasch das Auto! – Ich **werde** morgen das Auto waschen.

a Schreib die E-Mail!

Alex _____ .

b Ruf deine Mutter an!

Alex _____ .

c Lies das Buch!

Alex _____ .

d Buch die Reise!

Alex _____ .

e Reservier uns ein Hotelzimmer!

Alex _____ .

Redewendung
„Morgen! Morgen! Nur nicht heute!", sagen alle faulen Leute.

Lesen

Die beliebtesten Reiseziele der Deutschen

Anzahl der Urlaubsreisen ab fünf Tagen Dauer in Mio.		2010
Deutschland		30,4
davon	Nord-/Ostsee	9,3
	Alpen- und Voralpenland	1,8
	sonstiges Bayern	4,2
	Baden-Württemberg	2,8
Weitere Nahziele		17,8
davon	Österreich	4,5
	Frankreich	1,9
	Dänemark, Benelux	3,5
	Großbritannien, Irland, Skandinavien	3,8
Mittelmeer		22,4
davon	Balearen	3,3
	Kanaren	2,3
	spanisches Festland, Portugal	2,4
	Italien	6,1
	Griechenland	1,8
	Türkei	3,7
	Nordafrika	1,9
Fernziele		4,9
davon	USA, Kanada	1,9
	Karibik	0,5
	Mittel- und Südamerika	0,4
Gesamt		75,6

Wenn Deutsche Urlaub machen, reisen sie nach … Deutschland. Viele Deutsche machen Urlaub im eigenen Land (ca. 30%). Küstenregionen an der Nord- und Ostsee sind sehr beliebte Reiseziele. Auch beliebt sind Bayern, Baden-Württemberg und die Alpenregion. Wenn sie Urlaub im Ausland machen, reisen viele Deutsche an das Mittelmeer, zum Beispiel nach Italien oder in die Türkei. Manche Deutsche machen auch Urlaub in Nord- und Südamerika (4,9 Millionen Urlauber).

Wortschatz

beliebt	popular	_____
die Anzahl, -en	number	_____
das Festland	mainland	_____
eigen	own	_____
die Küstenregion, -en	coastal region	_____
das Reiseziel, -e	travel destination	_____
manche	some	_____

Kapitel 18

14 Beantworten Sie die Fragen.

a Wo verbringen die Deutschen am häufigsten ihren Urlaub? _____

b Wohin reisen viele Deutsche, wenn sie Urlaub im Ausland machen? _____

c In welche ferne Länder reisen manche Deutsche? _____

15 Und jetzt Sie!

a Wo machen Sie gern Urlaub?
b Was machen Sie gern im Urlaub?
c Was packen Sie ein?

▶ CD2 **Aussprache**
  41

z

Z spricht man immer *ts*.

Hören Sie zu und sprechen Sie nach.

Wortanfang	Wortmitte	Wortende
zu	Arzt	Herz
zehn	Konzert	die Schweiz
Zeit	sitzen	schwarz
Zimmer	tanzen	März

Ich werde am zweiundzwanzigsten Dezember in die Schweiz fliegen.

▶ CD2 **16** Zungenbrecher: Hören Sie zu und sprechen Sie nach.
  42

„Zwischen zwei Zwetschgenzweigen zwitschern zwei Zeisige."

Wortschatz

zwischen . . . . between   _____
der Zwetschgenzweig, -e . . . . . twig of a plum tree   _____
zwitschern . . . . to tweet   _____
der Zeisig . . . . finch (*type of bird*)   _____

Test

1 Ergänzen Sie.

> Hotel • Kreditkarte • reserviert • schwimmen • Urlaub

a Diesen Sommer machen wir _____ an der Ostsee.

b Wir haben Lust, in der Ostsee zu _____.

c Wir übernachten im _____.

d Wir haben schon ein Doppelzimmer _____.

e Wir zahlen mit _____.

2 Ordnen Sie zu.

a	Er hat Lust,	1	um wandern zu gehen.
b	Ich fahre in die Berge,	2	um schwimmen zu gehen.
c	Ich fahre ans Meer,	3	ins Restaurant zu gehen.

3 Was ist richtig? Kreuzen Sie an und ergänzen Sie.

a Er spielt Fußball.

Morgen _____ er Fußball _____. [Futur]

▢ werdet / Fußball
▢ spielt / werde
▢ wird / spielen

b Ich schreibe ihr eine E-Mail.

Ich _____ ihr eine E-Mail _____.

▢ werde / schreibe
▢ werde / schreiben
▢ wird / schreibt

Punkte: _____ / 10   **Gute Reise!**

Haben Sie Berufserfahrung?

In diesem Kapitel lernen Sie:

◢ Wortschatz: Arbeitswelt

◢ der Genitiv

◢ Relativsätze

◢ Wiederholung: Genus

◢ Aussprache: Satzzeichen und Satzmelodie

Text

LEBENSLAUF

Persönliche Daten

Name	Katharina Becher
Anschrift	Warschauer Straße 26
	10243 Berlin
Telefon	0157 / 7446 68 –
E-Mail	katha@becher.de
Familienstand	ledig
Geburtsdatum und -ort	12.04.1985, 91443 Scheinfeld

Schulausbildung

1991 – 1995	Grundschule Steinbeck, Barsbüttel
1995 – 2004	Albert-Einstein-Gymnasium, Barsbüttel - Abitur

Studium

10/07 – 12/10	Journalismus, Freie Universität Berlin

Praktika

05/09 – 10/09	Praktikum, *Der Tagesspiegel*

Berufsausbildung

10/04 – 10/06	Ausbildung zur Bankkauffrau, DHD Bank
10/10 – 10/11	Volontariat, Journalistin, *Berliner Zeitung*

Berufserfahrung

10/06 – 12/13	freie Mitarbeiterin, *Kreuzbergster Zeitschrift*
12/11 – 08/13	Journalistin, *Berliner Zeitung*
Sprachkenntnisse	Deutsch (Muttersprache), Englisch (C1), Französisch (B2)
PC-Kenntnisse	Word, Excel, PowerPoint, Adobe Illustrator, Photoshop
Hobbys	Reisen (USA, Großbritannien), Fotografieren, Lesen, Schreiben

---

1 Ergänzen Sie die fehlenden Wörter.

a Katharina Becher wurde am 12.04.1985 _____ .

b Sie ist auf die _____ Steinbeck gegangen.

c Dann hat Katharina das Albert-Einstein-_____ in Barsbüttel besucht.

d 2004 hat sie das _____ gemacht.

e Nach der Schule hat sie eine _____ zur Bankkauffrau gemacht.

f 2007 hat sie ein _____ im Fach Journalistik begonnen.

g Im Sommer 2009 hat sie ein _____ bei einer Tageszeitung gemacht.

h Bei der *Berliner Zeitung* und der *Kreuzbergster Zeitschrift* hat sie _____ gesammelt.

i Sie hat gute _____. Sie kann Deutsch, Englisch und Französisch.

j Sie hat auch gute _____, zum Beispiel Microsoft Word und Adobe Illustrator.

k Ihre _____ sind Reisen, Fotografieren, Lesen und Schreiben.

l Sie arbeitet als _____ bei der Berliner Zeitung.

Wortschatz

der Lebenslauf, ä-e	CV, résumé	_____
persönlich	personal	_____
die Daten (*Pl.*)	information	_____
die Anschrift, -en	address	_____
der Familienstand, -	marital status	_____
das Geburtsdatum,		
Geburtsdaten	date of birth	_____
die Schulausbildung, -en	school education	_____
die Grundschule, -n	primary school,	_____
	grade school	_____
das Gymnasium, Gymnasien . .	grammar / secondary	_____
	school, high school	_____
das Abitur, -e	*final school exam*	_____
	in Germany	_____
das Studium, Studien	studies	_____
das Praktikum, Praktika	traineeship, internship	_____
die Berufsausbildung, -en	vocational training,	_____
	apprenticeship	_____
die Ausbildung, -en	job training	_____
die Bankkauffrau, -en	bank clerk	_____
das Volontariat, -e	traineeship, internship	_____
die Berufserfahrung, -en	job experience	_____
freie Mitarbeiterin, -nen	freelancer	_____
die Sprachkenntnisse (*Pl.*)	language skills	_____
die Kenntnisse (*Pl.*)	skills, knowledge	_____

 CD2 **Hören**
43

Ein Vorstellungsgespräch

2 Katharina Becher sucht eine neue Arbeitsstelle. Sie hat ein Vorstellungsgespräch mit Frau Weber. Katharina beschreibt ihre Berufserfahrung. Hören Sie zu. Kreuzen Sie an.

a Was ist Katharina von Beruf?
   ☐ Bankkauffrau
   ☐ Journalistin
   ☐ Bankmanagerin

b Wo hat sie ein Praktikum gemacht?
   ☐ bei der *Kreuzbergster Zeitschrift*
   ☐ bei dem *Tagesspiegel*
   ☐ bei der *Berliner Zeitung*

c Warum wollte Katharina Journalistik studieren?
   ☐ Sie interessiert sich für Geld.
   ☐ Sie interessiert sich für Menschen und
     ihre Geschichten.

e Wo arbeitet Katharina jetzt?
   ☐ bei dem *Tagesspiegel*
   ☐ bei der *Berliner Zeitung*

d Wo hat sie Journalismus studiert?
   ☐ an der Humboldt-Universität
   ☐ an der Freien Universität

Wortschatz

das Arbeitsklima	. . . . work environment	_____
sich interessieren für	. . . . to be interested in	_____
die Reportage, -n	. . . . report, article	_____
lokal	. . . . local	_____
bekannt	. . . . well known	_____
der Alltag	. . . . daily routine	_____
die Zeitungsindustrie	. . . . newspaper industry	_____
der Chef, -s	. . . . boss, manager	_____
befristet	. . . . fixed-term (*of contact*)	_____
an·bieten	. . . . to offer	_____

Dialog

Frau Weber	Guten Tag, Frau Becher. Mein Name ist Frau Weber.
Katharina	Guten Tag, Frau Weber.
Frau Weber	Ihr Lebenslauf ist interessant. Sie haben eine Ausbildung zur Bankkauffrau gemacht?
Katharina	Ja, ich wollte Bankkauffrau werden. Ich habe eine Ausbildung bei der DHD Bank gemacht. Aber das Arbeitsklima der Bank hat mir nicht gefallen. Ich habe mich nicht für Geld interessiert. Ich interessiere mich für Menschen. Ich begann, kleine Reportagen zu schreiben. Ich war freie Mitarbeiterin einer lokalen Zeitschrift. Das hat mir sehr gut gefallen. Dann habe ich ein Studium im Fach Journalismus gemacht.
Frau Weber	Und wo haben Sie Journalismus studiert?
Katharina	Ich habe Journalismus an der Freien Universität in Berlin studiert.
Frau Weber	Gut. Und haben Sie ein Praktikum gemacht?
Katharina	Ja. In den Semesterferien habe ich ein Praktikum beim *Tagesspiegel* gemacht. Die Arbeit einer Journalistin fand ich viel interessanter als die Arbeit einer Bankkauffrau. Ich interessiere mich für Menschen und ihre Geschichten.
Frau Weber	Welche Berufserfahrung haben Sie?
Katharina	Ich arbeite seit 2006 als freie Mitarbeiterin bei einer lokalen Zeitschrift.
Frau Weber	Was ist der Name der Zeitschrift?
Katharina	Die Zeitschrift heißt der *Kreuzbergster*. Kennen Sie diese Zeitschrift?
Frau Weber	Ja, sie ist eine kleine Zeitschrift, die aber sehr bekannt ist. Haben Sie andere Berufserfahrung?
Katharina	Ja. Nach meinem Studium habe ich ein Volontariat bei der *Berliner Zeitung* gemacht. Ich habe viel über den Alltag der Zeitungsindustrie gelernt. Der Chef hat mir damals eine befristete Stelle angeboten. Ich arbeite schon seit zwei Jahren als Journalistin bei der Berliner Zeitung.

Kapitel 19

3 Und jetzt Sie!

a Ich wurde am _____ geboren. (*Tipp: xx.xx.xxxx = Tag.Monat.Jahr*)

b Ich bin auf die Grundschule _____ gegangen.

c Dann habe ich _____ in _____ besucht.

d Ich habe _____ studiert.

e Ich habe eine Ausbildung zu (+ *Dativ*) _____ gemacht.

f Sprachkenntnisse: Ich kann _____ .

g PC-Kenntnisse: _____ , _____ ,

_____ .

h Ich bin _____ von Beruf.

i Ich arbeite bei _____ .

j Meine Hobbys sind _____ .

Grammatik

1 Der Genitiv

Der Genitiv wird benutzt, um zu sagen, wem etwas gehört.

Das Genitiv-*s* mit Namen

Wessen Computer ist das?
– Das ist Peters Computer.

Wessen Auto ist das?
– Das ist Herr Müllers Auto.

> **Name + *s***
> Peter → Peters
> Herr Müller → Herr Müllers

4 Schreiben Sie Sätze mit dem Genitiv-*s*.

a Maria__ / Computer / das / ist   →   *Das ist Marias Computer* _____ .

b fährt / sie / Paul__ / Auto   →   _____ .

c Buch / ist / das / Uwe__   →   _____ .

d wo / Hund / Uwe__ / ist   →   _____ ?

2 Genitiv-Endungen

Wenn es keinen Namen gibt, wird der Genitiv mit Endungen gebildet.

Wessen Computer ist das?   Wessen Auto ist das?
– Das ist der Computer mein**er** Schwester.   – Das ist das Auto mein**es** Vaters.

	maskulin	neutral	feminin	Plural
Nominativ	der Mann ein Mann kein Mann	das Kind ein Kind kein Kind	die Frau eine Frau keine Frau	die Eltern Eltern keine Eltern
Akkusativ	den Mann einen Mann keinen Mann	das Kind ein Kind kein Kind	die Frau eine Frau keine Frau	die Eltern Eltern keine Eltern
Dativ	dem Mann einem Mann keinem Mann	dem Kind einem Kind keinem Kind	der Frau einer Frau keiner Frau	den Eltern Eltern keinen Eltern
Genitiv	des Mannes eines Mannes keines Mannes	des Kindes eines Kindes keines Kindes	der Frau einer Frau keiner Frau	der Eltern keiner Eltern

→ maskulin / neutral: **-es** + Nomen-**(e)s**

→ feminin / Plural: **-er**

Maskuline und neutrale Nomen bekommen -(e)s.   → Das ist das Auto meines Mann**es**.

-s:	Das Wort *Bruder* hat **mehr als** eine Silbe.	→ Bruder**s**
-es:	Das Wort *Mann* hat **nur** eine Silbe.	→ Mann**es**

5 Ergänzen Sie im Genitiv.

der Mann   →   *des Mannes*

ein Fahrrad   →   *eines Fahrrads*

a die Frau _____   **e** ein Kind _____

b das Kind _____   **f** eine Journalistin _____

c der Hund _____   **g** ein Zug _____

d die Musik _____   **h** ein Auto _____

6 Wessen … ist das? Ergänzen Sie.

das Auto / meine Frau   Das ist das Auto *meiner* _____ Frau.

a der Computer / mein Bruder   Das ist der Computer _____ Bruder__.

b der Hund / meine Freundin   Das ist der Hund _____ Freundin.

c das Fahrrad / mein Sohn   Das ist das Fahrrad _____ Sohn__.

d das Motorrad / meine Großmutter   Das ist _____.

e die Brille / meine Tante   Das ist _____.

f die Katze / mein Onkel   Das ist _____.

Kapitel 19

▶ CD 2
44
7 Sven und Julia sehen Fotos am Computer an. Hören Sie genau zu und ergänzen Sie.

Sven	Wer ist das?
Julia	Das ist meine Tante.
Sven	Das ist Sofie?
Julia	Nein, das ist Claudia. Sie ist die Schwester _____ Mutter. Sofie ist die
	Schwester _____ Vater__.
Sven	Und wer ist das?
Julia	Das ist meine Nichte.
Sven	Das ist Hannah?
Julia	Nein, das ist Petra. Sie ist die Tochter _____ Bruder__. Hannah ist die
	Tochter _____ Schwester.
Sven	Und das ist ein schönes Auto. Wessen Auto ist das?
Julia	Das ist der Porsche _____ Onkel__.

8 Was ist der Arbeitsplatz …?

a	eines Arztes	1	die Garage
b	einer Journalistin	2	der Schreibtisch
c	einer Hausfrau / eines Hausmannes	3	die Universität
d	eines Mechanikers	4	das Krankenhaus
e	eines Kochs	5	die Küche
f	einer Professorin	6	das Zuhause

Wortschatz

das Krankenhaus, ä-er . . . . hospital   _____
die Garage . . . . garage   _____

---

9 Und jetzt Sie! Wer macht was in Ihrer Familie?

	meine Rolle	die Rolle meiner Partnerin / meines Partners	das teilen wir	niemand
das Auto waschen				
den Rasen mähen				
die Kinder betreuen				
die Wohnung aufräumen				
arbeiten				
kochen				

Wortschatz

den Rasen mähen . . . . to mow the lawn   _____
die Kinder betreuen . . . . to look after the children   _____

3 Adjektive im Genitiv

	maskulin	neutral	feminin	Plural
Nom.	der nette Mann ein netter Mann kein netter Mann	das nette Kind ein nettes Kind kein nettes Kind	die nette Frau eine nette Frau keine nette Frau	die netten Eltern nette Eltern keine netten Eltern
Akk.	den netten Mann einen netten Mann keinen netten Mann	das nette Kind ein nettes Kind kein nettes Kind	die nette Frau eine nette Frau keine nette Frau	die netten Eltern nette Eltern keine netten Eltern
Dat.	dem netten Mann einem netten Mann keinem netten Mann	dem netten Kind einem netten Kind keinem netten Kind	der netten Frau einer netten Frau keiner netten Frau	den netten Eltern netten Eltern keinen netten Eltern
Gen.	des netten Mannes eines netten Mannes keines netten Mannes	des netten Kindes eines netten Kindes keines netten Kindes	der netten Frau einer netten Frau keiner netten Frau	der netten Eltern netter Eltern keiner netten Eltern

> ❗ Genitiv: Adjektivendung nach Artikel = **-en**
> Adjektivendung im Plural *ohne* Artikel = **-er**

10 Ergänzen Sie die richtigen Endungen.

a der alte Mann → des alt____ Mannes

b mein süßer Hund → meines süß____ Hundes.

c deine intelligente Schwester → deiner intelligent____ Schwester.

d keine klugen Katzen → keiner klug____ Katzen

4 Relativsätze

Ein Relativsatz bezieht sich auf einen Hauptsatz. Damit müssen Subjekt oder Objekt nicht mehrmals genannt werden.

Das Mädchen isst **eine Suppe**. + **Die Suppe** ist zu heiß.

→ Das Mädchen isst **eine Suppe**, **die** zu heiß ist.

> **Hauptsatz + Hauptsatz**
>
> → **Hauptsatz, Relativsatz**

Die Relativpronomen im Nominativ sind gleich wie die definiten Artikel:
- *der* für maskuline Nomen
- *die* für feminine Nomen
- *das* für neutrale Nomen
- *die* für Plural

maskulin	Max hat **einen Chef**. + **Der Chef** ist streng.
	Max hat **einen Chef**, **der** streng ist.

Kapitel 19

neutral	Lara reserviert **ein Zimmer**. + **Das Zimmer** ist schön.
	Lara reserviert **ein Zimmer**, **das** schön ist.
feminin	Uwe hat **eine Kollegin**. + **Die Kollegin** ist intelligent.
	Uwe hat **eine Kollegin**, **die** intelligent ist.
Plural	Ich lese **zwei Bücher**. **Die Bücher** sind sehr interessant.
	Ich lese **zwei Bücher**, **die** sehr interessant sind.

11 Ergänzen Sie die Relativpronomen: *der, die, das* oder *die* (Pl.).

a Ihr habt eine Kollegin. Die Kollegin ist sehr nett.

Ihr habt eine Kollegin, _____ sehr nett ist.

b Wir haben einen Computer. Der Computer ist schnell.

Wir haben einen Computer, _____ schnell ist.

c Ich habe ein Auto. Das Auto ist zehn Jahre alt.

Ich habe ein Auto, _____ zehn Jahre alt ist.

d Sie hat zwei Kinder. Die Kinder sind noch sehr jung.

Sie hat zwei Kinder, _____ noch sehr jung sind.

5 Relativsätze: Satzstellung

Position 1	Position 2	Position 3	Ende
Hauptsatz,	Relativpronomen	[…]	Verb

Hier ist der Lebenslauf,	der	interessant	ist.
Ich hatte ein Vorstellungsgespräch,	das	sehr gut gelaufen	ist.
Da ist die Chefin,	die	sehr streng	ist.
Hier sind meine Kollegen,	die	mir geholfen	haben.

12 Schreiben Sie die Relativsätze.

Katharina hat einen Lebenslauf, sehr interessant / ist / der.
Katharina hat einen Lebenslauf, der sehr interessant ist.

a Julia hat eine Katze, die / ist / fünf Jahre alt.

_____ .

b Leo will ein Auto, das / ist / rot und schnell.

_____ .

c Max hat einen Chef, der / ist / streng.

_____ .

d Maria hat einen Computer, der / ist / nicht so schnell.

_____ .

6 Wiederholung: Genus

Meistens muss man das Genus zusammen mit dem Wort lernen. Die Endung von manchen
Wörtern macht das einfacher. Man muss nur lernen, welches Genus welche Endung braucht.
Diese Endung braucht immer das gleiche Genus.

Nomen-Endungen	Genus
-ig, -ling, -or, -ismus	der
-tum, -chen, -ma, -ment, -ium, -lein	das
-heit, -ung, -keit, -ei, -tion	die

Tipp: Machen Sie Fantasiewörter daraus!

der Iglingorismus

das Tumchenmament(i)umlein

die Heitungkeiteition

13 Ergänzen Sie im Nominativ: *der*, *das* oder *die*.

a *die* Erfahrung   **d** _____ Mädchen   **g** _____ Journalismus **j** _____ Information

b _____ Studium   **e** _____ Komma   **h** _____ Ausbildung   **k** _____ Einsamkeit

c _____ Parlament   **f** _____ Schönheit   **i** _____ König   **l** _____ Humor

Lesen

Eine Bewerbung

Der Lebenslauf ist ein wichtiger Teil der Bewerbung.
Der Lebenslauf sollte übersichtlich sein und auf eine
Seite passen. Persönliche Daten, Ausbildung und
Berufserfahrung müssen Sie lückenlos beschreiben.
PC-Kenntnisse, Sprachkenntnisse und Hobbys, die für
die Arbeit wichtig sind, gehören auch zum Lebenslauf.
In Deutschland ist ein Foto nötig. Verwenden Sie ein
Foto, das einen professionellen Eindruck macht.

In einem Vorstellungsgespräch können Sie Ihre soziale
und professionelle Kompetenz zeigen. Zuerst kommt
die Begrüßung. Machen Sie einen guten ersten Eindruck. Tragen Sie professionelle Kleidung
(→ Kapitel 8). Ein fester Händedruck zeigt, dass man selbstbewusst ist. Schauen Sie Ihrem
Gesprächspartner in die Augen. Dann kommen Fragen zum Lebenslauf. Zum Beispiel muss man
das Studium, die Berufsausbildung und die Berufserfahrung beschreiben. Sprechen Sie positiv,
ernst und ehrlich über sich selbst.

Kapitel 19

Wortschatz

der Teil, -e	part	
die Bewerbung, -en	application	
übersichtlich	clearly laid-out	
lückenlos	without any gaps	
gehören	to belong	
nötig	necessary	
der Eindruck, ü-e	impression	
verwenden	to use	
die Kompetenz, -en	competence	
fest	firm	
der Händedruck, ü-e	handshake	
selbstbewusst	confident	
schauen	to look	
ernst	serious	
ehrlich	honest	
reden	to talk	
vor·kommen	to happen, to occur	
die Stärke, -n	strength	
die Schwäche, -n	weakness	
die Stelle, -n	position	
das Ergebnis, -se	result	
der Erfolg, -e	success	

14 Und jetzt Sie! Sie haben ein Vorstellungsgespräch. Können Sie diese Fragen über sich selbst beantworten?

a Was sind Ihre Stärken? Was sind Ihre Schwächen?
b Warum mögen Sie diesen Beruf? Warum wollen Sie hier arbeiten?
c Warum sollen wir Ihnen die Stelle geben?

▶ CD2 **Aussprache**
45

Satzzeichen und Satzmelodie

Hören Sie zu und sprechen Sie nach.

steigt die Melodie: ↗	fällt die Melodie: ↘	Pause: →
Arbeiten Sie bei Siemens?	Ich habe bei IBM gearbeitet.	Ja, ich arbeite bei Siemens.

Wortschatz

das Satzzeichen, -	punctuation	
die Melodie, -n	melody	
achten auf	to pay attention to	

Kapitel 19

CD2 **15** Hören Sie genau zu. Ergänzen Sie das Satzzeichen (**? , .**) und die Satzmelodie ↗ ↘ → .
46

   a Ihr Lebenslauf ist interessant

   b Sie haben eine Ausbildung zur Bankkauffrau gemacht

   c Ja   ich wollte Bankkauffrau werden

   d Ich habe an der Freien Universität in Berlin studiert

   e Haben Sie ein Praktikum gemacht

   f Ja   in den Semesterferien habe ich ein Praktikum beim *Tagesspiegel* gemacht

CD2 **Betonung**
47

   16 Hören Sie genau zu. In welcher Reihenfolge hören Sie die Sätze? Nummerieren Sie.

   a ☐ Ich liebe DICH. (Ich liebe Hans nicht.)

       ☐ Ich LIEBE dich. (Meine Liebe für dich ist groß.)

       ☐ *1* ICH liebe dich. (Er liebt dich nicht.)

   b ☐ Die Katze SCHLÄFT gern. (Die Katze wartet nicht gern.)

       ☐ DIE KATZE schläft gern. (Der Hund schläft nicht gern.)

       ☐ Die Katze schläft GERN. (Die Katze mag es sehr zu schlafen.)

Test

1 Ergänzen Sie im Genitiv.

a Der Beruf mein_____ Schwester ist sehr interessant.

b Die Wohnung d_____ Mann_____ ist groß.

c Das Praktikum d_____ Studentin war nicht sehr interessant.

d Das ist der Computer mein_____ Freund__.

2 Ordnen Sie zu.

a	Das ist der Computer,	1	die sehr streng ist.
b	Das ist das Buch,	2	der sehr schnell ist.
c	Ich habe zwei Kollegen,	3	das wirklich interessant ist.
d	Das ist die Chefin,	4	die sehr nett sind.

3 Ergänzen Sie: *der, die* oder *das*?

a _____ Erfahrung   **b** _____ Studium

Punkte: _____ / 10   **Toi, toi, toi!**

Kapitel 19

Wer hat das Bild gemalt?

In diesem Kapitel lernen Sie:

◢ Wortschatz: Museumsbesuch

◢ das Passiv

◢ indirekte Fragen

◢ Aussprache: Unterschiedliche Aussprache *ig* → *ich*

CD 2
48

Dialog 1

Museumsbesuch

Leon wohnt in München. Er wird oft von seinen
Freunden besucht. Leon geht gern mit seinen
Freunden ins Museum.

Max kommt nach München.

Leon	Sollen wir ins Museum gehen?
Max	Ja, das klingt gut.
Leon	München hat viele gute Museen. Wofür interessierst du dich?
Max	Ich interessiere mich für moderne Kunst.
Leon	Moderne Kunst magst du?
Max	Ja. Picasso und Max Beckmann finde ich super.
Leon	Prima. Wir gehen in die Pinakothek der Moderne. Das Museum hat eine gute Sammlung moderner Kunst.

Anna besucht Leon.

Anna	Welche Pinakothek ist das? Ist das die Neue Pinakothek, die Alte Pinakothek oder die Pinakothek der Moderne?
Leon	Das hier ist die Alte Pinakothek. Hier werden Bilder von Albrecht Dürer ausgestellt. Sollen wir eine Eintrittskarte kaufen?
Anna	Hat die Alte Pinakothek auch Bilder von Caspar David Friedrich?
Leon	Nein, seine Bilder werden in der Neuen Pinakothek ausgestellt.
Anna	Caspar David Friedrich ist mein Lieblingskünstler der deutschen Romantik.
Leon	Hast du schon die Originalbilder gesehen?
Anna	Nein, ich habe nur Kopien seiner Bilder im Internet gesehen.
Leon	Komm! Wir gehen in die Neue Pinakothek. Wir schauen die Originale an.

Sofie ist in München.

Sofie	Ist das die Museumsinsel?
Leon	Ja, möchtest du ins Museum gehen?
Sofie	Ich weiß nicht. Ich interessiere mich nicht für Kunst.
Leon	Interessierst du dich für Technik?
Sofie	Ja, ich bin doch Ingenieurin. Technik ist mein Leben.
Leon	Wir sollten ins Deutsche Museum gehen.
Sofie	Was können wir im Deutschen Museum sehen?
Leon	Es werden viele Objekte der Naturwissenschaft und Technik ausgestellt.
Sofie	Zum Beispiel?
Leon	Das Museum hat das erste deutsche Auto. Das Auto wurde 1886 von Karl Benz gebaut.
Sofie	Autos interessieren mich nicht. Ich mag Flugzeuge.
Leon	Das Flugzeug von den Brüdern Wright wird auch ausgestellt.
Sofie	Sehr toll! Wir gehen ins Deutsche Museum.

1 Museen von München: Richtig (**R**) oder falsch (**F**)?

a ☐ In der Alten Pinakothek werden Bilder von Albrecht Dürer ausgestellt.

b ☐ In der Alten Pinakothek werden auch Bilder von Caspar David Friedrich ausgestellt.

c ☐ Im Deutschen Museum werden Objekte der Naturwissenschaft und Technik ausgestellt.

2 Wofür interessieren sie sich? Ergänzen Sie: *Max, Sofie, Anna*

a _____ interessiert sich für Bilder von Caspar David Friedrich.

b _____ interessiert sich für Technik.

c _____ interessiert sich für moderne Kunst.

3 Wohin geht Leon mit seinen Freunden nicht?

☐ in die Alte Pinakothek   ☐ in die Neue Pinakothek
☐ in das Deutsche Museum   ☐ in die Pinakothek der Moderne

Wortschatz

die Kunst, ü-e	art	_____
Pinakothek der Moderne	gallery of modern art	_____
die Pinakothek, -en	art gallery	_____
die Sammlung, -en	collection	_____
werden ... ausgestellt	*passive of* ausstellen	_____
aus·stellen	to exhibit	_____
die Eintrittskarte, -n	entrance ticket	_____
der Künstler, -	artist	_____
die Romantik, -	romanticism	_____
das Originalbild, -er	original picture	_____
das Bild, -er	picture	_____
die Kopie, -n	copy	_____
das Original, -e	original	_____
die Museuminsel, -n	museum island	_____
die Insel, -n	island	_____
die Technik, -en	technology	_____
das Objekt, -e	object	_____
das Leben, -	life	_____
die Naturwissenschaft, -en	natural science	_____
zum Beispiel	for example	_____
das Beispiel, -e	example	_____
wurden ... gebaut	*passive of* bauen	_____
bauen	to build	_____

ⓘ Museumbesuch

In den meisten Museen in Deutschland muss man Eintritt bezahlen. Kinder, Studenten und Senioren erhalten jedoch meist Ermäßigungen. Montags haben viele Museen geschlossen.

⬤ CD 2   **Hören**
49

Das Original und die Kopie

4 Leon und Anna gehen ins Museum und sprechen über ein Bild. Richtig (**R**) oder falsch (**F**)?

a ☐   Anna findet das Bild im Museum schön.

b ☐   Das Original wurde zerstört.

c ☐   Die Polizei hat das Original gestohlen.

d ☐   Leon findet die Kopie schöner als das Original.

e ☐   Leon sagt, dass er das Original zu Hause hat.

Wortschatz

wurden … kopiert	*passive of* kopieren	_____
kopieren	to copy	_____
etwa	perhaps (*expressing surprise*)	_____
Wieso?	How come?, Why?	_____
wurden … zerstört	*passive of* zerstören	_____
zerstören	to destroy	_____
wurden … verkauft	*passive of* verkaufen	_____
verkaufen	to sell	_____
passieren	to happen, to occur	_____
wurden gestohlen	*passive of* stehlen	_____
stehlen	to steal	_____
Von wem?	By whom?	_____
nie	never	_____
wurden … gefunden	*passive of* finden	_____
deswegen	therefore	_____
großartig	fantastic	_____

Dialog 2

Anna   Das Bild finde ich nicht so schön.

Leon   Das Bild hier ist nicht das Original. Das ist eine Kopie.

Anna   Warum wurde das Bild kopiert? Wo ist das Original?

Leon   Hast du davon etwa noch nichts gehört?

Anna   Nein, wieso? Wurde das Bild zerstört?

Leon   Nein, das Bild wurde nicht zerstört.

Anna   Wurde das Bild verkauft?

Leon   Nein, das auch nicht.

Anna   Weißt du, was passiert ist?

Leon   Ja, das Bild wurde letztes Jahr gestohlen.

Anna   Von wem wurde das Bild gestohlen?

Leon   Das weiß die Polizei noch nicht.

Anna   Wurde das Original schon gefunden?

Leon   Nein. Das Original wurde noch nicht gefunden. Deswegen hängt die Kopie an der Wand.

Anna   Diese Kopie finde ich aber nicht sehr schön.

Kapitel 20

Leon	Ja, sie ist nicht so schön wie das Original. Das Original ist großartig!
Anna	Woher weißt du das?
Leon	Ich habe das Original zu Hause.
Anna	Ja, ja. Sehr witzig, Leon!

Grammatik

1 Das Passiv

A Aktiv und Passiv

In Aktivsätzen steht das Subjekt im Vordergrund. In Passivsätzen steht das Objekt im Vordergrund.

Objekt (Akkusativ)   →   Subjekt (Nominativ)

Aktiv		Passiv
Hans isst den Kuchen.	→	Der Kuchen wird gegessen.
Kathrin trinkt die Apfelschorle.	→	Die Apfelschorle wird getrunken.
Sofie malt das Bild.	→	Das Bild wird gemalt.
Andreas repariert die Schuhe.	→	Die Schuhe werden repariert.

Tipp: Das Objekt im Aktiv wird zum Subjekt im Passiv.

B Bildung

Das Passiv wird mit einer Form von *werden* und dem Partizip Perfekt gebildet. Zur Bildung des Partizip Perfekts → Kapitel 8.

	werden +	Partizip Perfekt
Das Buch	**wird** von vielen Menschen	gelesen.
	Position 2	*Ende*

Das Passiv kann auch im Präteritum vorkommen. Es wird mit einer Form von *wurden* und einem Partizip Perfekt gebildet. Zur Konjugation von *wurden* → Kapitel 16.

	wurden +	Partizip Perfekt
Die Kirche	**wurde** 1743	gebaut.
	Position 2	*Ende*

5 Hier sind einige weitere Beispiele. Unterstreichen Sie die Form von *werden* und das Partizip Perfekt.

a Das Auto wird in der Fabrik gebaut.

b Das Haus wurde 1978 abgerissen.

c Das Brot wird von einer Frau gekauft.

d Die Bilder werden gemalt.

Wortschatz

die Fabrik	. . . . factory	_____
ab·reißen	. . . . to tear down, to demolish	_____
malen	. . . . to paint	_____

6 Ergänzen Sie die Tabelle.

Infinitiv	Partizip Perfekt
malen	gemalt
verkaufen	verkauft
ausstellen	ausgestellt
sehen	gesehen
a _____	gebacken
b _____	gegessen
bauen	gebaut
c _____	gekauft
d _____	gefahren
e _____	repariert
f _____	zerstört
abreißen	abgerissen

Wortschatz

reparieren	. . . . to repair	_____

7 Ergänzen Sie das Hilfsverb *werden* im Präsens.

a Das Bild _____ gemalt.

b Die Kartoffeln _____ gekocht.

c Ich _____ angerufen.

d Wir _____ gesehen.

8 Ergänzen Sie das Hilfsverb *werden* im Präteritum.

a Die Kirche _____ 1945 zerstört.

b Wir _____ gefragt.

c Du _____ gesehen.

d Die Briefe *(Pl.)* _____ geschrieben.

e Albert Einstein _____ 1879 geboren.

9 Bratkartoffeln: Schreiben Sie im Passiv.

„Großmutter, wie werden Bratkartoffeln gemacht?"

a Zuerst _werden die Kartoffeln gekocht_ . *(die Kartoffeln kochen)*

b Dann _____ .
(die Kartoffeln schälen)

c Danach _____ .
(die Kartoffeln schneiden)

d Anschließend _____ .
(die Kartoffeln braten)

e Schließlich _____ . *(die Bratkartoffeln essen)*

Wortschatz

die Bratkartoffeln . . . . fried potatoes   _____
schälen (geschält) . . . . to peel   _____
schneiden (geschnitten) . . . . to cut, to slice   _____
braten (gebraten) . . . . to fry   _____

---

2 Das Passiv: *von wem*?

Um in einem Passivsatz auszudrücken, wer etwas macht oder gemacht hat, benutzt man **von** + Person.

Das Rezept wird **von** dem Arzt geschrieben.
Der Kuchen wurde **von** Robert gebacken.

10 Ergänzen Sie die Sätze.

a Der Mechaniker repariert das Auto. Das Auto _____ .

b Eine Taxifahrerin fährt ein Taxi.   Das Taxi _____ .

c Die Köchin kocht die Suppe.   Die Suppe _____ .

d Die Künstler (*Pl.*) malen das Bild.   Das Bild _____ .

e Der Chef liest den Lebenslauf.   Der Lebenslauf _____ .

11 Von wem wurde das gemacht?

Karl Friedrich Benz • Albert Einstein • Johann Wolfgang von Goethe
Martin Luther • Angela Merkel • Ludwig van Beethoven

a 1905 wurde die Relativitätstheorie *von* _____ entwickelt ($E = mc^2$).

b 1534 wurde die Bibel _____ ins Deutsche übersetzt.

c 1886 wurde das erste deutsche Auto _____ gebaut.

d 1808 wurde die Tragödie *Faust I* _____ geschrieben.

e 1824 wurde die 9. Sinfonie _____ komponiert.

Wer ist das?

f 2000 wurde _____ als erste Frau zur Bundeskanzlerin gewählt.

Wortschatz

die Relativitätstheorie	theory of relativity	_____
entwickeln	to develop	_____
die Bibel	Bible	_____
übersetzen	to translate	_____
die Tragödie	tragedy	_____
die Sinfonie	symphony	_____
komponieren	to compose	_____
die Bundeskanzlerin	Chancellor of the federal	_____
	Republic of Germany	_____
wählen	to elect	

▶ CD 2 **12** Markieren Sie die Passivformen. Hören Sie anschließend den Text.
50

Eine kleine Geschichte der Kaiser-Wilhelm-Gedächtniskirche

Dieses Gebäude ist die Kaiser-Wilhelm-Gedächtniskirche in Berlin.
Warum sieht die Kirche so komisch aus? Sie ist alt und neu. Die alte
Kirche wurde 1895 gebaut. 1943 wurde die Kirche zerstört. Die Kirche
wurde im Zweiten Weltkrieg bombardiert. Die Ruinen wurden aber
nicht abgerissen. Ein neuer Turm und eine neue Kapelle wurden 1961
neben den Ruinen der alten Kirche gebaut. Jetzt ist die Kirche alt und
neu. Die Ruinen erinnern die Menschen an die tragische Geschichte –
sie ist ein Mahnmal gegen den Krieg. Die neue Kirche symbolisiert die
Hoffnung auf eine bessere Zukunft. Viele Menschen finden die neue Architektur etwas komisch.
Die neue Kirche und ihr Turm wurden von den Berlinern liebevoll „Puderdose und Lippenstift"
genannt.

Wortschatz

die Gedächtniskirche	memorial church	_____
komisch	strange	_____
bombardieren	to bomb	_____
die Zweite Weltkrieg	Second World War	_____
die Ruine, -n	ruin	_____
der Turm, ü-e	tower	_____
die Kapelle, -n	chapel	_____
tragisch	tragic	_____

Kapitel 20

die Geschichte	history
das Mahnmal, -e	war memorial
gegen	against
symbolisieren	to symbolize
die Hoffnung	hope
die Zukunft	future
die Architektur	architecture
liebevoll	affectionately
die Puderdose, -n	powder compact
der Lippenstift, -e	lipstick
nennen	to be called

3 Indirekte Fragen

Hier sind einige Beispiele von indirekten Fragen.

Direkte Frage:	**Wo ist** die Alte Pinakothek?
Indirekte Frage:	Wissen Sie, **wo** die Alte Pinakothek **ist**?
Direkte Frage:	**Wer ist** die Frau dort drüben?
Indirekte Frage:	Weißt du, **wer** die Frau da drüben **ist**?
Direkte Frage:	**Von wem wurde** das erste Auto gebaut?
Indirekte Frage:	Wissen Sie, **von wem** das erste Auto gebaut **wurde**?
Direkte Frage:	**Ist** das die Alte Pinakothek?
Indirekte Frage:	Können Sie mir sagen, **ob** das die Alte Pinakothek **ist**?

Tipp: Ja-Nein-Fragen verwenden *ob*. (→ Kap. 4, S. 45)

13 Ergänzen Sie die Sätze.

Wie spät ist es?   Wissen Sie, *wie spät es ist?* _____

a Wo ist die Neue Pinakothek?

Weißt du, _____ ?

b Wann wurde die Kirche gebaut?

Weißt du, _____ ?

c Wer hat das Bild gemalt?

Können Sie mir sagen, _____ ?

d Ist das die Pinakothek der Moderne? (*Ja-Nein-Frage*)

Wissen Sie, *ob* _____ ?

e Wurde das Bild von Picasso gemalt? (*Ja-Nein-Frage*)

Weißt du, _____ ?

Lesen

Sehenswürdigkeiten in München

Die Pinakotheken

Die Museen in München sind großartig. München hat drei berühmte Pinakotheken. In der Alten Pinakothek werden Kunstwerke vom 14. bis zum 18. Jahrhundert ausgestellt. Hier finden Sie Meisterwerke von Albrecht Dürer und Rembrandt. In der Neuen Pinakothek werden Kunstwerke vom 18. bis zum 20. Jahrhundert ausgestellt. Hier können Sie bunte Sonnenblumen von Vincent van Gogh und mysteriöse Landschaften von Caspar David Friedrich ansehen. In der Pinakothek der Moderne werden moderne Bilder von modernen Künstlern wie Pablo Picasso und Andy Warhol ausgestellt.

Deutsches Museum

Wenn Sie sich für Naturwissenschaft oder Technik interessieren, ist das **Deutsche Museum** besonders sehenswert. Das Museum ist 73.000 m² groß und ist das meist besuchte Museum in Deutschland. Über 100.000 Objekte aus Naturwissenschaft und Technik werden hier ausgestellt.

Englischer Garten

Danach können Sie sich im Englischen Garten ausruhen. Der Englische Garten ist ein großer Park (3,75 km²). Im Englischen Garten gibt es einen **Chinesischen Turm** und einen Biergarten mit über 7.000 Sitzplätzen. Hier kann man nach einem langen Museumsbesuch entspannen. Wenn man noch Energie hat, kann man sogar im Englischen Garten surfen gehen. **Der Eisbach** fließt durch den Park und eine stehende Welle ist perfekt für Wellenreiten.

14 Beantworten Sie die Fragen.

a Wie heißen die drei berühmten Pinakotheken in München?
b In welches Museum gehen Sie, wenn Sie sich für Naturwissenschaften und Technik interessieren?
c Wie groß ist der Englische Garten?
d Welchen Sport kann man im Eisbach betreiben?

Wortschatz

das Kunstwerk, -e . . . . artwork	_____
das Jahrhundert, -e . . . . century	_____
das Meisterwerk, -e . . . . masterpiece	_____
bunt . . . . colourful, bright	_____
die Sonnenblume, -n . . . . sunflower	_____
die Landschaft, -en . . . . landscape	_____
besonders . . . . especially	_____
sehenswert . . . . worth seeing	_____
der Chinesische Turm . . . . Chinese tower	_____
der Biergarten, ä- . . . . beer garden	_____

sogar	even	_____
entspannen	to relax	_____
der Eisbach	stream in Munich's	_____
	English Garden	_____
der Bach, ä-e	stream	_____
die stehende Welle	standing wave	_____
die Welle, -n	wave	_____
das Wellenreiten	surfing	_____
	(*wörtl.:* wave-riding)	_____

▶ CD2 51 Aussprache

Unterschiedliche Aussprache

In diesem Buch haben Sie gelernt, Hochdeutsch zu sprechen. In vielen Regionen Deutschlands werden Wörter jedoch anders ausgesprochen. Zum Beispiel wird der Auslaut **-ig** auf Hochdeutsch *ich* ausgesprochen, während in Süddeutschland der Auslaut **-ig** fast immer *ig* ausgesprochen wird.

Hören Sie zu und sprechen sie nach.

Hochdeutsch „ig" = *ich*	Regionale Variante „ig" = *ig*
sonnig	sonnig
wichtig	wichtig
langweilig	langweilig
lustig	lustig
billig	billig
der König	der König

▶ CD2 52 Das *r* wird auch anders artikuliert.

Auf Hochdeutsch wird das **r** mit dem Zäpfchen artikuliert. In Bayern wird das **r** mit der Zungenspitze artikuliert.

Hören Sie zu und sprechen sie nach.

Rudolf und **R**enate sind **R**adfah**r**er.
Bruno bäckt p**r**ima b**r**aunes **B**rot.
Romy sch**r**eibt **R**ichard einen **B**rief.

Wir sind jetzt am Ende des *Lextra Sprachkurses Plus Deutsch als Fremdsprache* angelangt. Wir hoffen, er hat Ihnen gefallen und Sie hatten Freude damit. Wir wünschen Ihnen weiterhin viel Spaß beim Deutschlernen!

Test

1 Ergänzen Sie.

a Brot wird in der Bäckerei _____.

b Das Auto wird vom Mechaniker _____.

c Die Kirche wurde im Zweiten Weltkrieg _____.

d Das Bild wird vom Künstler _____.

e *Romeo und Julia* wurde von Shakespeare _____.

2 Schreiben Sie Sätze im Passiv.

a Er liest das Buch. → Das Buch _____ von ihm _____.

b Sie schreibt einen Brief. → Der Brief _____ von ihr _____.

c Frau Müller hat die Kuchen gegessen. → Die Kuchen _____ von Frau Müller

   _____.

3 Ergänzen Sie die indirekten Fragen.

a Wo ist das Museum? → Wissen Sie, _____?

b Wer hat das Bild gemalt? → Wissen Sie, _____?

Punkte: _____ / 10   **Ende gut, alles gut!**

Bildquellenverzeichnis

123rf (RF): S. 23 (Wespe)

Corbis (RF): S. 12 (Füße); S. 40 Image Source (junge Leute); S. 47 Gonçalo Silva (Ursula von der Leyen); S. 80 Tim Pannell

Cornelsen Schulverlage GmbH / Jeanette Jacob: S. 22

Deutsche Bahn AG / Christian Bedeschinski: S. 29 01_02_Bed_E248_08_8260

dpa picture alliance: S. 87 Hendrik Schmidt

Dreamstime (RF): S. 232 Biserko

Fotolia (RF): S. 5(/30) Narayan Lazic (ältere Frau); S. 5 Amir Kaljikovic (junge Frau), tritrid (Filme), Ilan Amith (Musik), karaboux (Sport); S. 8 liquidImage (Computer), Perrush (Fisch), Marion Wear (Maus), Ralf-Udo Thiele (Nase); S. 8(/30/33) Marek Kosmal (Lampe); S. 8(/32) annibal999 (Banane); S. 9(/12) photocrew (Orange), Franz Pfluegl (Uhr); S. 9 MAK (Ringe), Dmitry Sunagatov (Sonne), Luiz (Wolken); S. 12 volff (Äpfel), Liv Friis-larsen (Öl), Vasina Nazarenko (Bluse); S. 13 (Zähne); S. 13/97 Andrey Armyagov (graue Hose, Anzug, Handschuhe); S. 30/221 Robert Kneschke (Eltern), by-studio (Tisch); S. 50 Netzer Johannes; S. 60 Photoroller; S. 68 tbel (links); S. 76 Cla78; S. 95 cedrov (Rock), Teamarbeit (Hemd), SyB (Jeans), Guy Shapira (T-Shirt), nito (Socken); S. 100 pressmaster; S. 141/186 Yuri Arcurs (oben Mitte); S. 162 THOMAS KNAUER; S. 171 MLFoto; S. 175 Lisa F. Young (unten); S. 205 ExQuisine; S. 208 Benicce; S. 212 ARochau (wandern, Ski fahren)

Gottfried Stoppel: S. 47 (Nilgün Tasman)

iStockphoto (RF): S. 8(/12) Viktor_Kitaykin (Apfel); S. 8(/32) Green_Leaf (Jacke); S. 9 GlobalP (Vogel); S. 12(/23) jgroup (Schlange); S. 14 kupicoo; S. 15 AndreeF; S. 17 ChGR; S. 34 Kerrick; S. 40 bluestocking (Rotwein); S. 54 Photolyric (Kino); S. 59 ronen; S. 68 theprint (rechts); S: 77 danwilton; S. 92 Tim Pannell; S. 93 AlexKalina (Mantel); S. 95 vovan13 (graue Hose), DonNichols (Mantel); S. 128 PhotoTalk; S. 140/212 asiseeit (im Restaurant essen); S. 141 Stockphoto4u (unten rechts); S. 212 FrankyDeMeyer (im Museum), sjlocke (auf dem Markt); S. 220 1001nights

Pixelio (RF): S. 27 Halina Zaremba (Papier); S. 183 Benjamin Thorn; S. 212 tutto62 (reiten); S. 218 Albrecht E. Arnold; S. 238 Jens Bredehorn

Shutterstock (RF): S. 4 Anibal Trejo; S. 5(/30) Brenda Carson (älterer Mann); S. 5 auremar (jüngerer Mann), B Calkins (Mathematik); S. 8 Julia Remezova (Dackel), Four Oaks (Elefant), Sternstunden (Garten), (Haus), Ian Bracegirdle (Insel); S. 8(/30) iodrakon (Kind); S. 9 Rafa Irusta (Paket), Veniamin Kraskov (Quadrat), Smit (Tiger), Viktor Pravdica (Xylophon), MicheleBoiero (Yacht), prapass (Zebra); S. 12 Gts (Waage), Carlos Yudica (Fuß), Zvyagintsev Sergey (Schere); S. 13(/23) Panachai Cherdchucheep (Frösche); S. 13 Deklofenak (Fitness-Studio); S. 21 Bilan 3D (Hefte); S. 21(/27) ArtmannWitte (Computer); S. 21(27/30), Mariano N. Ruiz (Stifte); S. 21(/27/33) mojito.mak[dog]gmail[dot]com (CDs); S. 21(/33/53) Iakiv Pekarskyi (Bücher); S. 23 Aaron Amat (Strauß), Eric Isselee (Spatz); S. 24 peresanz; S. 25 art&design (Wohnzimmer), aaphotograph (Küche), nsm (Schlafzimmer); S. 27 Photobac (Schreibtisch); S. 29 Olinchuk; S. 30 akarapong (Fenster); S. 32 Sashkin (Kühlschrank); S. 32(/33) bonsay (Sofa); S. 33 Villedieu Christophe, archideaphoto (Wohnzimmer), Tr1sha (Arbeitszimmer); S. 36 Diego Cervo; S. 37 Zdenka Darula; S. 40 Inga Nielsen (Apfelschorle), Bakelyt (Bier), Julian Rovagnati (Weißwein); S. 51 CandyBox Images; S. 54 Igor Bulgarin (Oper), Pressmaster (Club); S. 56 Zurijeta (links), Sved Attila Oliver (Mitte), Rustle (rechts); S. 62 RicoK; S. 63 withGod; S. 66 Phil Date; S. 91 Igor Bulgarin; S. 93 Karkas (Rock), bernashafo (Schuhe); S. 93(/95) 101imges (Kleid); S. 95 sagir (Shorts), Karkas (Bluse, Jacke, Pullover, Schal), Andrey Armyagov (Schuhe), Anton Balazh (Stiefel), artproem (Turnschuhe), nbriam (Hut); S. 102 Malgorzata Kistryn; S. 103 Jorg Hackemann; S. 116 Yuri Arcurs; S. 117 joingate; S. 141 Andrey Arkusha (oben links), Johnny Lye (oben rechts), doglikehorse (unten links), Smailhodzic (unten Mitte); S. 143 Lucky Business; S. 152 Irina Fischer; S. 153 MJTH; S. 154 Andrea Seemann (oben), Vitaly Titov & Maria Sidelnikova (unten); S. 163 wavebreakmedia; S. 174/229 StockLite; S. 175 Chepko Danil Vitalevich (oben); S. 188 Jiri Hera; S. 198 Yuri Arcurs; S. 204 PeJo; S. 209 Merlindo; S. 212 l i g h t p o e t (schwimmen), BestPhotoStudio (fotografieren), Kokhanchikov (zelten), EdBockStock (malen); S. 233 Tupungato; S. 239 Massimiliano Pieraccini; S. 241 Polina Shestakova

Wikimedia gemeinfrei: S. 193 Octave.H

Illustrationen: Laurent Lalo, Christian Bartz (Karten)